しっとり、もっちり、具がたっぷり！

玄米酵母でつくる
カナパンの本

小西香奈

マイナビ

はじめに

わたしのパン屋さんには素敵な名前があった。
jour de pain
みんなの毎日がパン日和でありますようにってつけた名前。
でも、ちょっと難しくって誰も読めなかった。
だからある人がつけた呼び名はあっという間に広まったよ。
「カナパン」
お店のこともわたしのこともパンのことも、まとめてみんなこう呼ぶ。

手のひらから元気の気が溶けこんでいく。
ありがとうの気持ちが染み渡る。
おいしい顔を想いながら作るパンが一番おいしいと思うから
背のびしない、いつものパンが焼ければそれでいい。

それがカナパン。

ひと手間をかける。あとは酵母と時間がおいしくしてくれる。
自分のために、家族のために、ハラペコのおなかが喜ぶパンをぜひ焼いてみてください。

contents

はじめに 002
カナパンってこんなパン 006
基本の道具 008
基本の材料 009
パン作りの流れ 010
玄米酵母の作り方 012
パンを作り始める前に 016
食事パンに合うディップ 034
食事パンに合うおそうざい 050
カナパンのあゆみ 066
パンがあまったときのレシピ 082

1 もっちりしっかり 食事パン

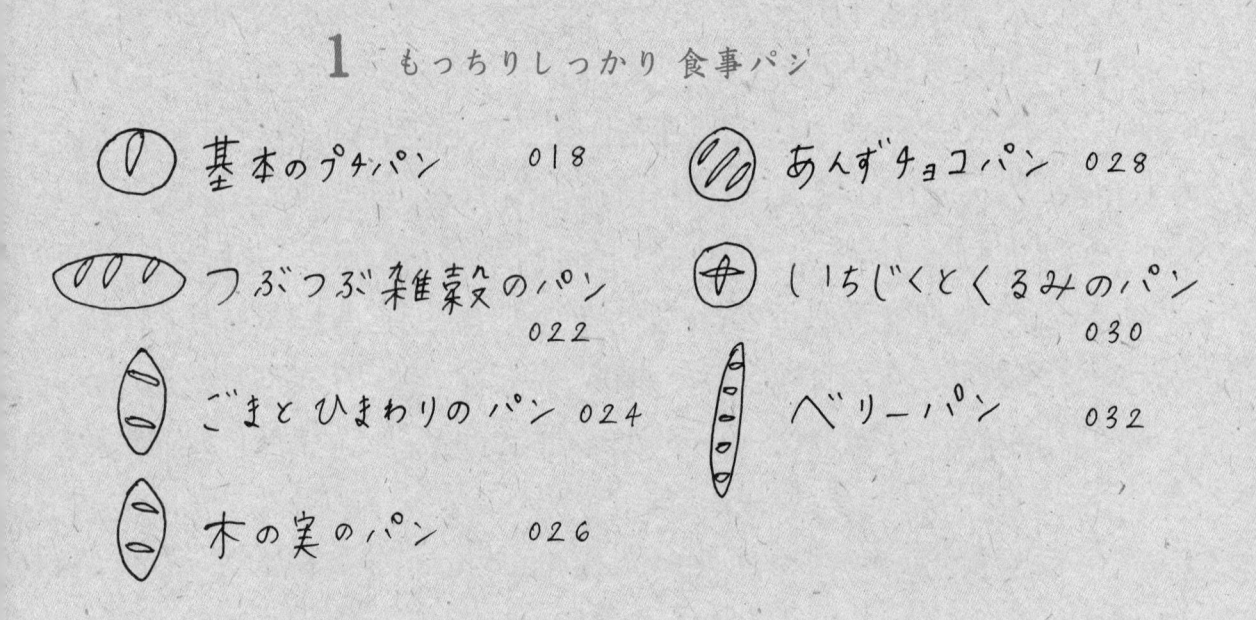

基本のプチパン 018
つぶつぶ雑穀のパン 022
ごまとひまわりのパン 024
木の実のパン 026
あんずチョコパン 028
いちじくとくるみのパン 030
ベリーパン 032

2 しっとりやわらか 食事パン

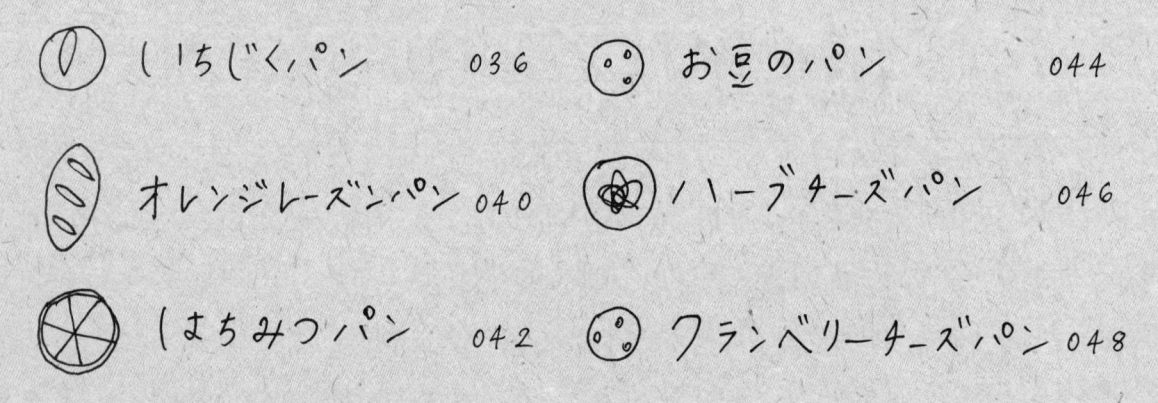

いちじくパン 036
オレンジレーズンパン 040
はちみつパン 042
お豆のパン 044
ハーブチーズパン 046
クランベリーチーズパン 048

3 野菜たっぷり 八百屋パン

さつまいもパン 052
かぼちゃパン 056
にんじんパン 058
ハムトマトパン 060
枝豆パン 062
とうもろこしパン 064

4 ふわふわ甘〜いおやつパン

シナモンパン 068
ラムレーズンパン 072
抹茶小豆パン 074
きなこマロンパン 076
ほうじ茶とホワイトチョコのパン 078
コーヒーチョコパン 080

5 みんな大好き もっちりベーグル

プレーンベーグル 084
くるみベーグル 088
チョコナッツベーグル 090
オレンジチーズベーグル 092
マスタードチーズベーグル 094

カナパンってこんなパン

酵母を手作りします

パンは酵母の力で膨らみます。イースト菌を使うと手軽にパンを作ることができますが、天然酵母で作ったパンは、発酵するときに芳醇な香りや旨みを作り出すので、独特の風味のある、おいしいパンになるのです。市販されている天然酵母を使っても、もちろん風味豊かなパンが作れますが、自分で酵母を起こして作ったパンのおいしさは格別ですよ！

玄米で酵母を起こします

わたしたちの身のまわりにある果物や穀物などには、野生の酵母菌が住んでいます。この酵母菌を培養して、いろいろなものから酵母を起こすことができます。
パン作りでおなじみのホシノ天然酵母は、「米、麹、小麦」からできていると知り、ならば、この材料を使って自分で酵母を作ってみようと玄米で酵母を起こしてみたら、相性がよかったのか、ぷくぷくとした酵母ができあがりました。それ以来、玄米で酵母を起こしています。玄米酵母は、特徴的な風味はないけれど、小麦の香りや素材の風味を味わえるしっとりもっちりとしたパンに焼きあがります。
わたしが日々食べている玄米ごはん。ひと晩水に浸けてから炊くのだけれど、お米の浸かったお鍋からはプチプチと小さな音が聞こえてきます。発酵の始まりの声です。

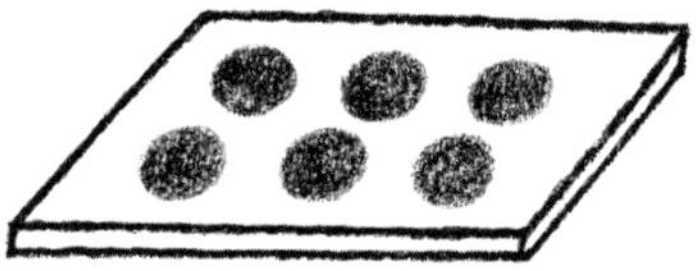

大切に育てられたもので
大切に作ります

父の実家で作る玄米や、手作業でお米を作っている友人の玄米を使って酵母を起こしています。パン作りの大切なパートナーだから、酵母にも大切に作られたものを食べてもらいたい。離乳食の食材に気を配るお母さんの気分。
パンに使う野菜も無農薬で育てている友人の畑のものをわけてもらっています。おいしい食材はパンになってもやっぱりおいしい。作っているときも手のひらにやさしい気持ちが伝わってきます。
ドライフルーツなども、できるだけオーガニックのものを使うようにしています。

しっとりやわらか

天然酵母のパンというと、しっかりめの固いパンを想像する人が多いかもしれませんが、パンの耳が苦手な子どもだったため、わたしが作るパンはだいたいしっとりやわらか。
子どもからおじいちゃん、おばあちゃんまで、みんなで食べられるパンです。

具がたっぷり、クリームチーズ、
ドライフルーツ、ナッツたっぷり！

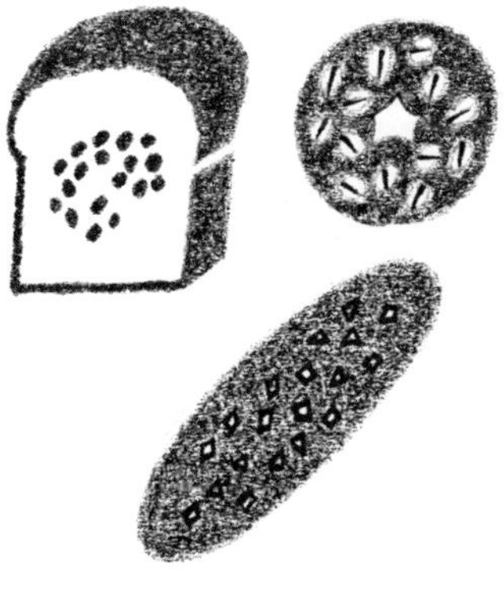

パン屋さんをしていたころ、「たくさん入っててうれしかったー」との声に、調子に乗ってますますぎっしり、たっぷりになっていきました。食べる度に「やっぱりカナパンおいしい」って思ってもらいたくって。
ドライフルーツやナッツを生地に混ぜるとき、「こんなにたくさん生地の中に入るの!?」と思うかもしれませんが、少しずつ、なじませながらこねていけば大丈夫。
たくさんすぎるなーと思うときはほどほどに。手作りならではのたっぷりを楽しみたいときは、たっぷりを堪能してください。

基本の道具

パン作りに必要な道具をご紹介します。酵母作りで使う道具は「玄米酵母の作り方」（P12～15）内にあります。

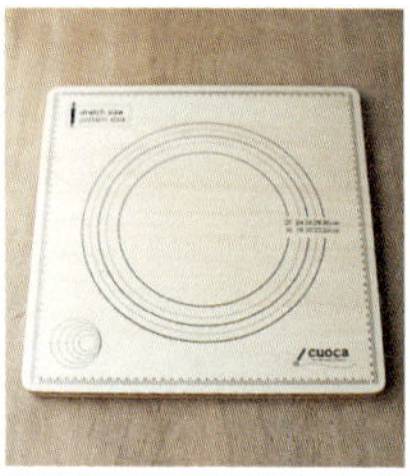

作業台

生地がくっつきにくく、つるりとした台であればOK。テーブルなどでも代用できます。

ボウル

直径20cm、高さ5.5cmのものを使用。もう少し小さいものでも大丈夫。

ゴムべら

材料を混ぜるときに使います。

カード

生地をボウルから取り出したり（丸い面を使用）、作業台についた生地を持ちあげたり、分割のときに生地をカットしたり、さまざまな場面で活躍します。

デジタルスケール

0.1g単位で1～2kgくらいはかれるものだと便利です。

温度計

酵母やパン生地を発酵させるときに温度をはかります。

ふきん

ベンチタイムや最終発酵のときに生地が乾かないよう、濡らして上からかぶせます。日東紡のものが生地がくっつきにくくて便利です。

オーブンシート

天板に生地がくっつくのを防ぐために敷きます。使い捨てのものと、くり返し使えるものがあります。

クープナイフ／キッチンばさみ

生地にクープや切りこみを入れるときに使います。カミソリやカッターなどでも代用できます。

霧吹き

オーブンで焼くときに生地が乾かないよう水をかけるときに使います。

茶こし

打ち粉をまんべんなく振ったり、生地に粉を振るうときに使います。

麺棒

生地をのばすときに使います。

ミトン

オーブンから天板を取り出すときに使います。

パウンド型

幅7cm、長さ18cm、高さ5.5cmのものを使用。内側に薄く油を塗ってから使います。

セルクル型

直径15cm、高さ6cmのものを使用。内側に薄く油を塗ってから使います。

ブリオッシュ型

直径6.5cm、高さ2.5cmのものを使用。内側に薄く油を塗ってから使います。

ケーキクーラー

焼きあがったパンを冷ますときに使います。

ラップ

一次発酵のときに生地が乾かないよう、ボウルを覆います。

へら

具を包んだり、クリームを塗ったりするときに使います。

基本の材料

パン作りに必要な材料をご紹介します。酵母作りに必要な材料は、「玄米酵母の作り方」(P12～15)内にあります。

北海道産強力粉(はるゆたかブレンド)

粉の甘みや旨みが強く、もっちりとした味わい深いパンになります。

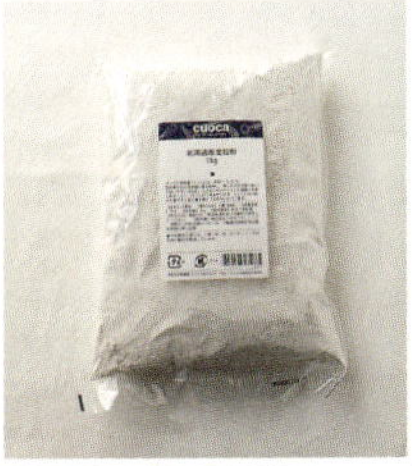

北海道産全粒粉

小麦のふすま、胚乳、胚芽まで丸ごと製粉したもので、ミネラル、食物繊維が豊富。小麦本来の素朴な味わいです。

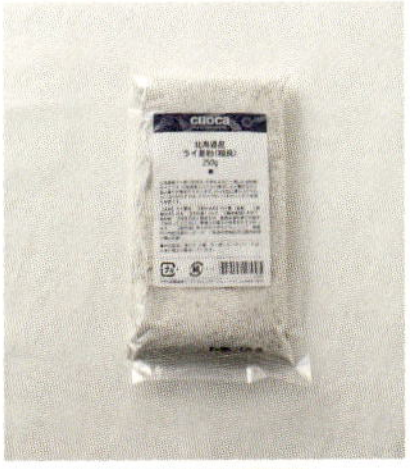

北海道産ライ麦粉(粗挽)

ライ麦を丸ごと製粉したもの。グルテンができにくいため、目のつまったパンになります。

塩

ミネラルが多く、まろやかで旨みのある天然塩を使用。パンに塩味をつけたり、発酵を調節してグルテンの働きを促します。

砂糖

やわらかな甘みとコクのある素焚糖を使用。生地に甘みをつけるだけでなく、保湿性があり、パンの老化を防ぎます。

無塩バター

生地にコクと風味を出します。また、生地がのびやかになり、口当たりがやわらかくなります。

クリームチーズ

ドライフルーツとの相性抜群。パンの中にたっぷり入れこんだり、食べるときに塗ってもおいしいです。

菜種油

クセのない菜種油を使用。生地に風味をつけずにやわらかく焼きあげたいときに使います。

ドライブルーベリー

ジューシーで甘みがあります。

ドライクランベリー

甘ずっぱく、鮮やかな赤色です。

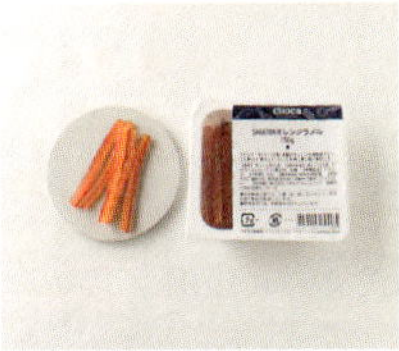

オレンジピール

オレンジのさわやかな酸味がアクセントになります。

ドライフィグ

ねっとりとした甘みがあります。プチプチした食感がおいしい。

ドライアプリコット

漂白をしていないため、黒ずんでいます。しっかりとした酸味があります。

カレンツ

色の黒い小粒のレーズンです。

レーズン

甘みが強く、まろやかな酸味があります。

カシューナッツ

コクがあり、コリコリとした食感。味のついていない生のものを下焼きして使います。

ひまわりの種

甘みとコクがパンの味を引き立てます。生のものを下焼きしてから使います。

かぼちゃの種

旨みがあり、栄養価も高いです。生のものを下焼きしてから使います。

くるみ

食べごたえがあり、たくさん入れるとおいしい。味のついていない生のものを下焼きしてから使います。

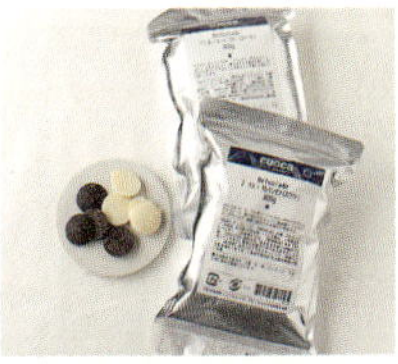

スイートチョコレート／ホワイトチョコレート

タブレット状になっているものが刻む手間が少なく、使いやすいです。

パン作りの流れ

ここでは、パン作りの大まかな流れをご紹介します。作り始める前に全体の流れをイメージしておくと、スムーズに作業を進めることができます。
大きく、酵母を作る作業と、パンを作る作業の2つがあります。それぞれかかる時間、日数の目安も示しましたが、季節や状況によって変動します。

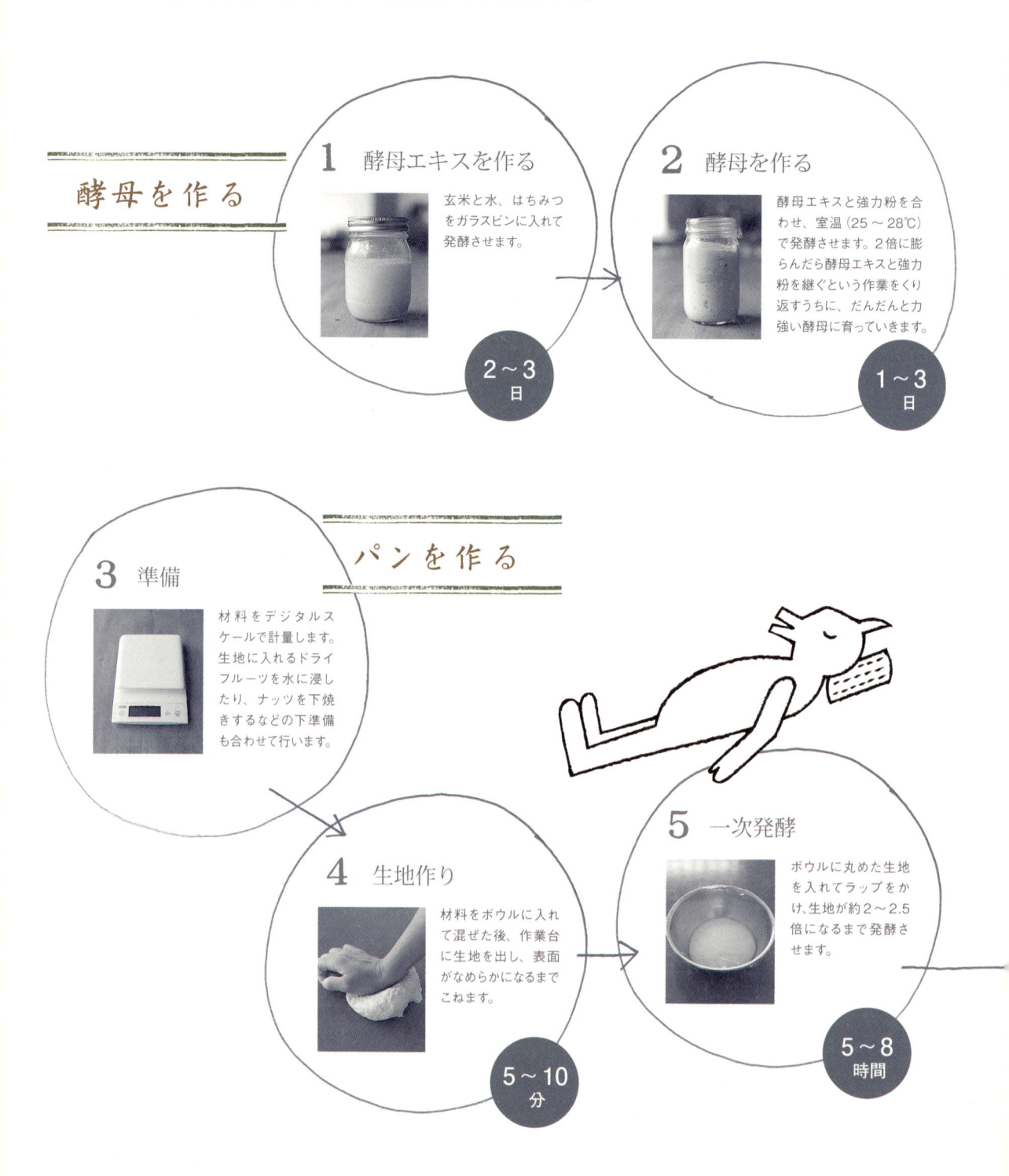

酵母を作る

1 酵母エキスを作る

玄米と水、はちみつをガラスビンに入れて発酵させます。

2～3日

2 酵母を作る

酵母エキスと強力粉を合わせ、室温（25～28℃）で発酵させます。2倍に膨らんだら酵母エキスと強力粉を継ぐという作業をくり返すうちに、だんだんと力強い酵母に育っていきます。

1～3日

パンを作る

3 準備

材料をデジタルスケールで計量します。生地に入れるドライフルーツを水に浸したり、ナッツを下焼きするなどの下準備も合わせて行います。

4 生地作り

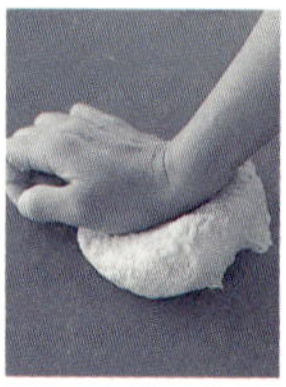

材料をボウルに入れて混ぜた後、作業台に生地を出し、表面がなめらかになるまでこねます。

5～10分

5 一次発酵

ボウルに丸めた生地を入れてラップをかけ、生地が約2～2.5倍になるまで発酵させます。

5～8時間

6 分割

生地を作業台に出し、必要な数に分割します。

7 ベンチタイム

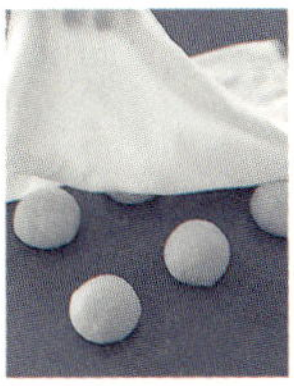

生地の上からかたくしぼったふきんをかけ、生地を休ませます。

20～40分

Point

分割、成形のときなど、生地がベタつくときは、適宜強力粉を振って作業しましょう。

8 成形

再度生地を丸めたり、形を作ったりします。

9 最終発酵

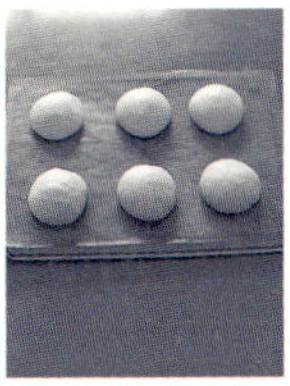

生地の上からかたくしぼったふきんをかけ、生地が約1.5倍になるまで発酵させます。天板をオーブンに入れ、予熱を始めます。

30～60分

10 仕上げ

生地の上から粉を振ったり、ナイフで切りこみ（クープ）を入れるなど、必要があれば仕上げの作業を行います。

Point

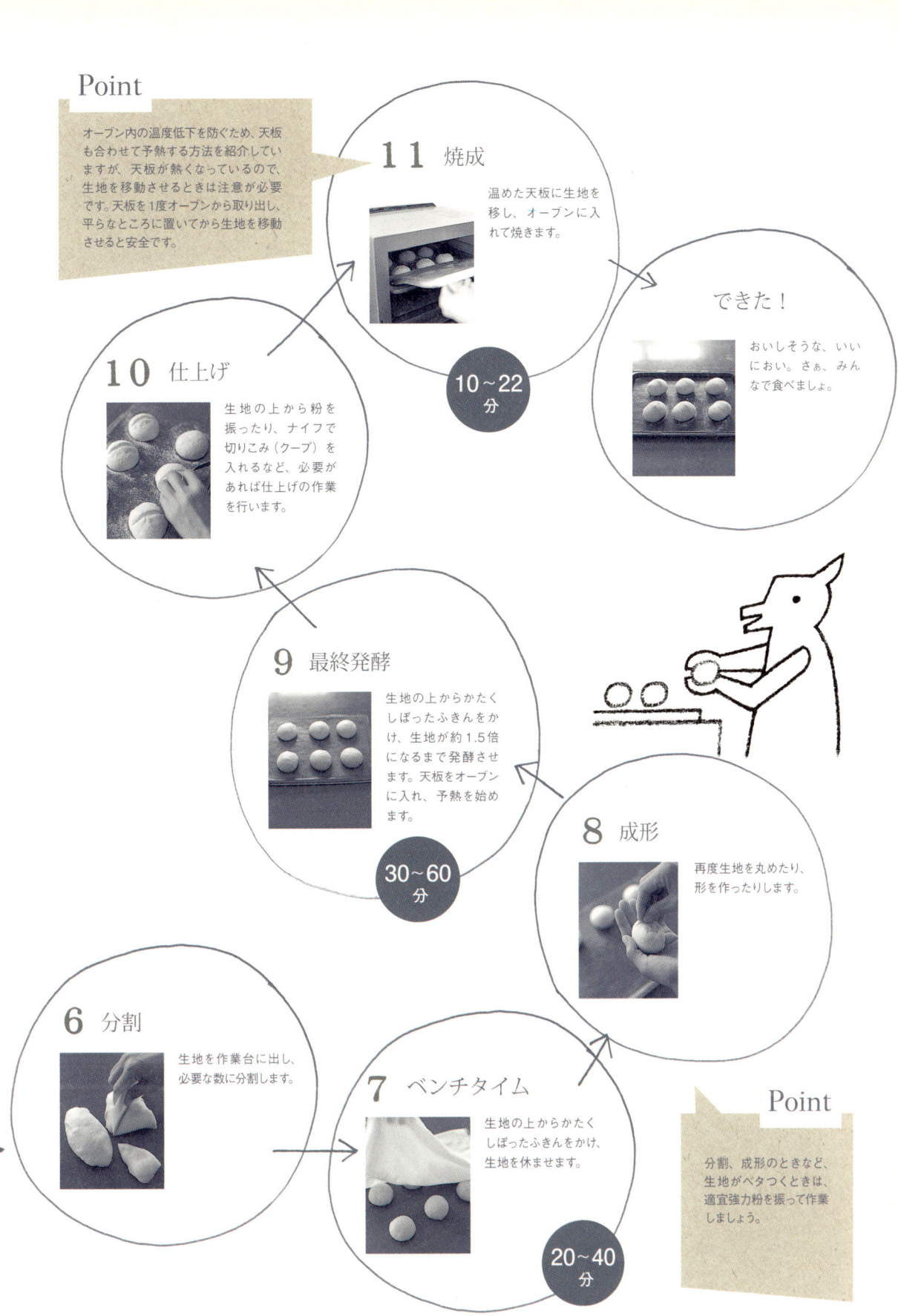

オーブン内の温度低下を防ぐため、天板も合わせて予熱する方法を紹介していますが、天板が熱くなっているので、生地を移動させるときは注意が必要です。天板を1度オーブンから取り出し、平らなところに置いてから生地を移動させると安全です。

11 焼成

温めた天板に生地を移し、オーブンに入れて焼きます。

10～22分

できた！

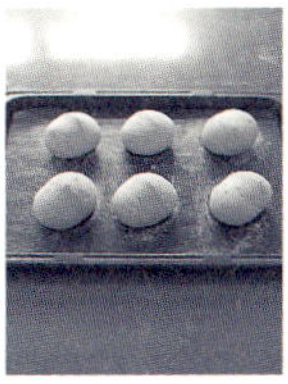

おいしそうな、いいにおい。さぁ、みんなで食べましょ。

玄米酵母の作り方

玄米酵母はどんなパンとも相性がよく、小麦の香りや素材の風味をストレートに味わえるパンに焼きあがります。果物に比べて糖分の少ない玄米を使うため、酵母のエサになるはちみつを加えて発酵の手助けをします。

Step1 酵母エキスを作る

ガラスビンの中に材料を入れて酵母の増殖しやすい環境に置き、玄米に付着している酵母菌を増殖させます。

■ 材料

玄米	30g
はちみつ	30g
水	150g

※玄米は洗わずに使用。ひと晩水（分量外）に浸し、水気を切っておく。
※水は水道の浄水でOK。ミネラルウォーターの場合は、軟水のものを使用すること。

■ 道具

フタつきのガラスビン（容量300mℓ程度のもの）
ミキサー（ない場合はすり鉢とすりこぎで代用）
トング
デジタルスケール
温度計

※ガラスビンはジャムの空きビンでもOK。きれいに洗ってから使用すること。

■ 作り方

1 ガラスビンなどを煮沸消毒する

酵母エキスを作る際、雑菌が入らないようにガラスビンとフタなど、道具を煮沸消毒する。鍋にガラスビンを入れ、かぶる程度の水を注ぎ、火にかけて沸騰させる。沸騰したら2分後にフタを入れて3分（合計5分）ほど煮沸したら、トングなどで取り出す。ふきんでふかずに自然乾燥させる。ミキサーやすり鉢、すりこぎは熱湯をかけて消毒しておく。

2 玄米を細かく砕く

玄米とはちみつ、少量の水をミキサーに入れ、10～20秒ほど攪拌する。ミキサーがない場合は、材料をすり鉢に入れ、米粒を上から押しつぶすようにして砕き、コーヒーの粉くらい細かくなるまでする。

3 材料をガラスビンに入れる

ミキサーまたはすり鉢の中の材料をガラスビンに入れる。ミキサーやすり鉢についた米粒は、残りの水で洗い流すようにして、ガラスビンの中に入れる。フタを閉めて、25～28℃のところに置く。

Point

暖房の近くや冷蔵庫の上など、家の中でもあたたかくて温度が比較的一定の場所に置いて発酵させましょう。それでも25～28℃が保てない場合は、発泡スチロールの中にお湯を入れたコップを入れ、酵母エキスの入ったビンと一緒に入れてフタをしておきます。時々お湯を取りかえ、温度を保つようにします。

1日後

もやもやとした細かいものが浮き、水面や玄米の間に小さな気泡ができてくる。

Point

1日2回、中身をくるっと回して混ぜたらフタを開け、ガスを抜く作業を行います。

2〜3日目後

次第に水がにごり、水面の気泡が増え、フタを開けたときの「プシュッ」という音が強くなってくる。フタを開けたときに、ガラスビンの底から気泡が湧きあがってくるようになったらできあがり。日本酒のような香りで、味はほんのり甘く、うっすらまろやかな酸味がある。

Point

春と秋はだいたい2〜3日でできあがりますが、気温が高い夏や低い冬は、温度管理に気をつけていても、仕上がるまでにかかる日数が変わってきます。あくまでも目安なので、日数ではなく、状態で判断してください。

【うまく発酵しないときは】

- なめたり、においをかいでみる気にもならない場合、雑菌が繁殖している可能性があります。無理せず潔く処分して、再チャレンジしましょう。
- 強烈なツンとくる酸味がある場合は、パンを焼いてもすっぱいパンになってしまうので、もう1度作りなおしましょう。
- 味や香りは悪くないけれど泡立たないという場合、もう1、2日待ってみましょう。ただし、味見してみて甘みが薄いようだったら、はちみつや砂糖を少量足しておきます。1、2日待っても泡立ちが穏やかな場合、うまく酵母が起きていない可能性がありますが、せっかくなので次の酵母を作る工程に進んでみましょう。粉と合わせて膨らんできたら、そのまま続けてください。膨らんでこなかったら、もう1度チャレンジしてみましょう。

【発酵を効率化させるには】

- 2回目以降は、作り方3で保存しておいた酵母エキスをひとさじ加えると、早く酵母エキスができあがります。

【保存について】

- 酵母エキスは、茶こしなどでこしてから、フタができる容器に入れて冷蔵庫で保存します。
- 冷蔵庫で半年ほど保存できます。保存している間もゆっくり発酵は進むので、糖分の補給が必要です。2、3週間に1度、はちみつか砂糖をひとさじ入れて混ぜましょう。

Step2 酵母を作る

できあがった酵母エキスと粉を混ぜて酵母を作ります。酵母エキスの酵母菌をさらに増殖させ、パン生地を膨らませる強い発酵力をつけていきます。

■ 材料

酵母エキス　60g
強力粉　60g

■ 道具

ガラスビン（容量 250mℓ程度のもの・煮沸消毒したもの）
スプーン（ステンレス製・煮沸消毒したもの）
ラップ
デジタルスケール
温度計

■ 作り方

＜1回目＞

ガラスビンに酵母エキス 20 gと強力粉 20g を入れ、粉っぽさがなくなる程度にスプーンで混ぜ合わせる。ラップをかけ、箸などで小さな空気穴を1カ所開け、25 ～ 28℃で 2 倍になるまで発酵させる。およそ 2 ～ 8時間かかる。

＜2回目＞

さらに酵母エキス 20 gと強力粉 20g を加え、粉っぽさがなくなる程度にスプーンで混ぜ合わせる。ラップをかけて小さな空気穴を1カ所開け、1回目と同様に、2倍になるまで発酵させる。およそ 2 ～ 6時間かかる。

＜3回目＞

さらに酵母エキス 20 gと強力粉 20g を加え、粉っぽさがなくなる程度にスプーンで混ぜ合わせる。ラップをかけて小さな空気穴を1カ所開け、1.5 ～ 2倍になるまで発酵させたら、酵母のできあがり。すぐパン作りに使える。発酵には 1 ～ 5時間かかる。

【うまく発酵しないときは】

・強烈にすっぱかったり、鼻が曲がるようなにおいのときは、雑菌が繁殖している可能性があります。処分して、再チャレンジしましょう。
・ビン底や側面から小さな気泡がたくさん見える場合は、ゆっくり穏やかに発酵しています。もう少し待ってみましょう。1.5倍程度に膨らめば、次の工程に進んで OK。

Point

・温度が低いと発酵に時間がかかります。冬場は酵母エキスのときと同様に、発泡スチロールの中にお湯を入れたコップと一緒に入れ、あたたかな環境を作ってあげてください （P12の Point 参照）。
・途中、仕事に行ったり、寝たりするときは、冷蔵庫に入れると発酵を遅らせることができます。調整しながら作ってみてください。

酵母の継ぎ方

できあがった酵母を使い切らずに継ぎ足すことで、元気な酵母を継続して使うことができます。この作業を「かけ継ぎ」といいます。

残った酵母の1/4量の水と強力粉を混ぜてかけ継ぎをします。1回のパン作りで使う酵母は40gなので、1回パンを作ると、酵母は80g残ります。その場合、水20gと強力粉20gを加え、粉っぽさがなくなるまで混ぜたら室温（25～28℃）で1～2時間ほど発酵させます。1.5倍に膨らんだら、すぐパン作りに使えます。酵母の力が弱くなってきたなと思ったら、継ぐときに「粉と水」ではなく「粉と酵母エキス」で継ぎましょう。

【すぐに使わないときは】

水と強力粉を加えて混ぜたら、ガラスビンにラップをして空気穴を1カ所開け、すぐに冷蔵庫に入れます。3、4日に1回はかけ継ぎをし、酵母のエサが切れないようにします。まめに手をかけてあげましょう。

かけ継ぎをすると、酵母がどんどん増えて困るという方は、玄米酵母はそのつど使い切り、次回パンを焼く際に、再び冷蔵庫で保存しておいた酵母エキスから酵母を育てましょう。

【しばらく使わなかった酵母を使うときは】

使う前日、または当日に再び酵母の1/4量の水と強力粉を加えて室温に置き、1.5倍になるまで発酵させて酵母を元気にさせてから使うと、パン生地も元気に膨らみます。

ホシノ天然酵母で作るなら

玄米酵母を起こすのには、手間と時間と少しのやる気が必要ですが、市販のホシノ天然酵母パン種を使うと、手軽に酵母起こしができます。安定して風味豊かなおいしいパンが焼けますよ。

■ 材料

ホシノ天然酵母パン種 ……50g

ぬるま湯（30℃程度） ……100g

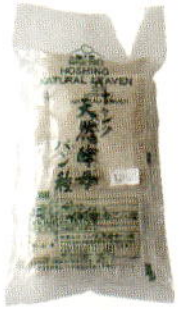

ホシノ天然酵母パン種

国産小麦、国産減農薬米、麹、水を使い、日本古来の醸造技術を応用して作られたパン種。

1 清潔な容器にぬるま湯を入れ、スプーンで混ぜながらホシノ天然酵母パン種をゆっくり入れていく。徐々にホシノ天然酵母パン種が水気を吸い、おからのようにもろもろになる。

2 ラップをかけて小さな空気穴を1カ所開け、あたたかなところ（28～30℃）に24時間置いて発酵させる。途中、むくむく盛りあがってくる。

3 膨らみが落ち着いて元の体積に戻り、さらさらとなめらかになったら、冷蔵庫で1日寝かせてできあがり（寒いと48時間ほどかかる。膨らみが落ち着くまで置いておくこと）。全体を混ぜてから使用する。

本書のレシピでは、粉に対して20%（P16【ベーカーズパーセントについて】参照）入れる玄米酵母を、7%のホシノ天然酵母に変えることで、同じようにパンを作ることができます。

［例］基本のプチパン（P19）

強力粉	200g	（100%）
塩	2g	（1%）
砂糖	4g	（2%）
ホシノ天然酵母	**14g**	**（7%）**
水	100g	（50%）

【保存について】

冷蔵庫で保管し、1カ月で使い切りましょう。

パンを作り始める前に

ここでは、パンを作り始める前に知っておいてもらいたいことについて説明します。おいしく、きれいに焼きあげるためにも、作る前に必ず目を通しておいてください。

【ベーカーズパーセントについて】

本書では、材料の分量の横の括弧内に、ベーカーズパーセントを表示しています。ベーカーズパーセントとは、粉の総重量を100％としたときの、ほかの材料の割合を％で表示したものです（小数点第2位を四捨五入して表示）。
分量を増やしたり、減らしたりしたい場合は、ベーカーズパーセントを使って必要な分量を算出することができます。

［例］基本のプチパン（P19）

	分量	ベーカーズパーセント
強力粉	200g	（100％）
塩	2g	（1％）
砂糖	4g	（2％）
酵母	40g	（20％）
水	100g	（50％）

＊粉量を250gに増やした場合

	分量	ベーカーズパーセント	計算式
強力粉	250g	（100％）	
塩	2.5g	（1％）	250×0.01＝2.5
砂糖	5g	（2％）	250×0.02＝5
酵母	50g	（20％）	250×0.2＝50
水	125g	（50％）	250×0.5＝125

【生地の感触について】

こねたときの感触、発酵した生地の感触、ベンチタイムの後、最終発酵の後、焼きあがり、冷めたとき、いつも触って生地の感触を覚えましょう。季節によって、酵母のご機嫌によって、日々違ってくる様子を手に伝わる感触で覚えます。時計と温度計に頼らずに五感を使って作っていくうちに、酵母とのリズムがだんだんとできてきます。

【季節による調整について】

本書のレシピは、パン作りに適した春、秋の室温（20～25℃）を基準にしています。気温が低い冬、気温が高い夏は調整が必要です。

＜冬＞

寒い冬は、心配になるくらい発酵が進みません。生地作りのときに加える水はぬるま湯を使い、あたたかなところで発酵させます。使用する酵母の量を、ベーカーズパーセントで10％ほど多めに入れてみるのもいいでしょう（ベーカーズパーセント20％で分量が40gだったら、30％にして分量を60gに）。そして、レシピに書いてある時間を過ぎても、しっかり膨らむまで待ってあげましょう。また、湿度が低く、乾燥しているときは、加える水の量を少し多めにしてみてください。

発酵がなかなか進まないときは、P12のPointでも紹介したように、発泡スチロールにお湯を入れたコップを入れ、そこにボウルごと生地を入れてあたたかな環境を作ってあげます。

最終発酵のときは、生地をのせた板ごと大きいビニール袋にお湯を入れたコップとともに入れると、発酵が進みやすくなります。こたつの中やホットカーペットの上は、温度が上がりすぎることがあるので気をつけましょう。

＜夏＞

暑い夏は発酵がどんどん進みますが、じっくり熟成させた方が旨みが増すので、発酵が進みすぎないように調節します。生地作りのときに加える水を冷やしてから使い、なるべく涼しいところで発酵させます。使用する酵母の量を、ベーカーズパーセントで5～10％ほど減らしてもいいでしょう（ベーカーズパーセント20％で分量が40gだったら、10％にして分量を20gに）。また、湿度が高いときは生地がべたつくので、加える水の量を少し減らしてみてください。
発酵時間を調節したいときは、冷蔵庫や野菜室を活用します。「28℃で1～3時間→野菜室（または冷蔵庫）でひと晩→28℃で1～3時間」という具合に調節できます。

【一次発酵完了の見極めについて】

一次発酵は、体積が約2～2.5倍になるまで生地を発酵させますが、慣れるまでは、発酵完了の見極めが難しいかもしれません。その場合は、ジップロックコンテナー(角型大・946㎖)や寸胴のガラス容器などを使用すると、わかりやすいのでおすすめです。
こねあがった生地を表面が平らになるように押してならし、生地の上部の位置に印をつけておけば、印を目安に発酵状態を確認できます。

発酵前

発酵後

さらに、フィンガーテストを行うといいでしょう。強力粉をつけた指を生地にゆっくり差しこみ、その穴が縮まなければ発酵完了です。穴が縮むときは発酵不足、生地がしぼむときは発酵過多の状態です。

【オーブンとうまくつき合うコツ】

家庭用のオーブンは庫内が狭いためパワーが弱く、機種によって焼き加減がまちまちです。レシピに書いてある温度や時間はあくまで目安にして、自分のオーブンのクセをつかむのが一番のコツです。
まず、設定温度、時間で焼いてみて、うまくいかなかったときは、以下を参考にして調整してみてください。

＜生焼け、あるいは焼けすぎてしまう場合＞

○焼き色がつかず生っぽい場合　→　焼き時間を長くするのではなく、予熱、焼成温度を高くする。
○焼けすぎる場合　→　焼き時間はそのままで、予熱、焼成温度を低くする。
特にガスオーブンはパワーがあるので、10～20℃下げて焼くといいようです。

＜底面や側面が割れてしまう場合＞

一般的な家庭用オーブンは庫内を熱風で温めています。天板が冷たいまま焼くと、生地の上面は熱風が直接当たるため、早い段階で表面の皮が焼けてかたくなります。そして、底面は天板が冷たいため温度が伝わるのが最後になり、まだやわらかく弱い側面や底から膨らんだ生地が飛び出てきてしまいます。
これを防ぐために、本書のレシピでは、予熱するときに天板も一緒に入れて、最終発酵が終わった生地を熱い天板にすばやく移して焼く方法を紹介しています。
それ以外の対策としては、以下のようなものがあります。

- 予熱の温度を高く設定し、生地を入れたときの温度の低下を防ぐ。
- 熱風が直接当たらないように、吹き出し口より上の段に入れる。
- 乾燥を防ぐために、焼く前に生地とオーブンの庫内を霧吹きで湿らせる。
- 6、7割焼いたところで、天板の前後を入れかえる。

それでもダメなときは、予熱を50度ほど高く設定し、熱い天板に生地をのせてオーブンに入れ、スイッチを入れずに3、4分待ちます。その際、生地と庫内は霧吹きでたっぷり湿らせましょう。
オーブンの中でクープが気持ちよく開いたら、焼成温度に設定しなおして焼き始めます。
スイッチを入れる前も生地に熱は入っているので、待った時間の分、焼き時間を調節しましょう。
それから、これはオーブンによる調整ではないのですが、最終発酵の時間を少し長くとるというのも、効果があるので試してみてください。

1 もっちりしっかり 食事パン

ここでは、バターの入っていないシンプルな生地で作ったパンをご紹介します。
まずは“基本のプチパン”でカナパンの作り方をマスターしてください。

基本のプチパン

小麦と酵母の風味が味わえる一番シンプルな
配合のパン。
バターをのっけて食べるだけで、ほっとする
おいしさです。

■ 材料（6個分）

強力粉	200g	（100%）
塩	2g	（1%）
砂糖	4g	（2%）
酵母	40g	（20%）
水	100g	（50%）

■ 作り方

生地作り

1
ボウルにすべての材料を入れ、ゴムベラで水気がなくなるまで混ぜる。

2
作業台に生地を出し、両手で握るようにしてまとめていく。

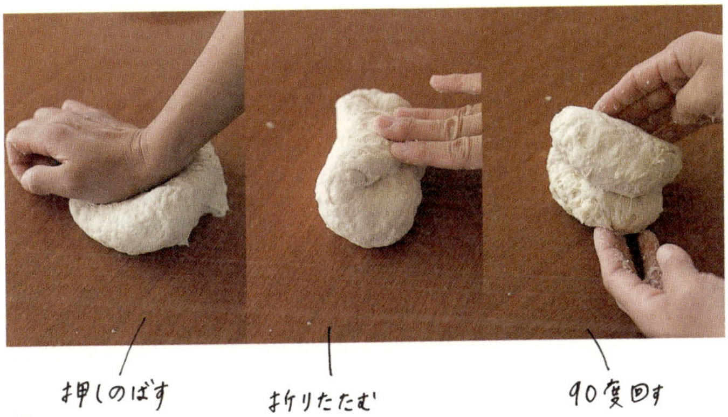

3
ひとまとまりになったら生地をこねる。手の付け根で向こう側に押しのばし、生地の先を手前に折りたたんだら90度回す。これをくり返して5～10分ほどこねる。

4
表面がなめらかになってきたら、生地の表面を張るようにして丸くまとめる。

一次発酵

発酵前

発酵後

5

ボウルに生地を入れてラップをかけ、25 ～ 28℃で生地が 2 ～ 2.5 倍の大きさになるまで発酵させる。およそ 5 ～ 8 時間かかる。

Point

フィンガーテストで発酵完了を Check

強力粉をつけた指を生地にゆっくり差しこみ、その穴が縮まなければ発酵完了です。もし発酵具合が心配なときは、チェックしてみてください。

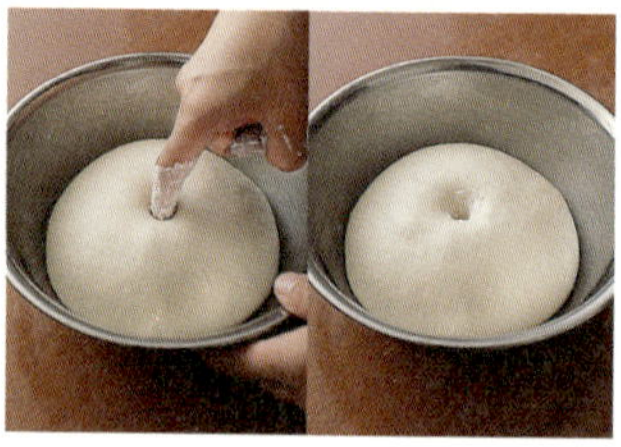

分割

6

カードを使って生地を作業台に移し、6 分割する。

7

切り口を底に入れこみながら、生地の表面を張るようにして丸くまとめたら、底に集まった生地を指でつまんでとじる。

ベンチタイム

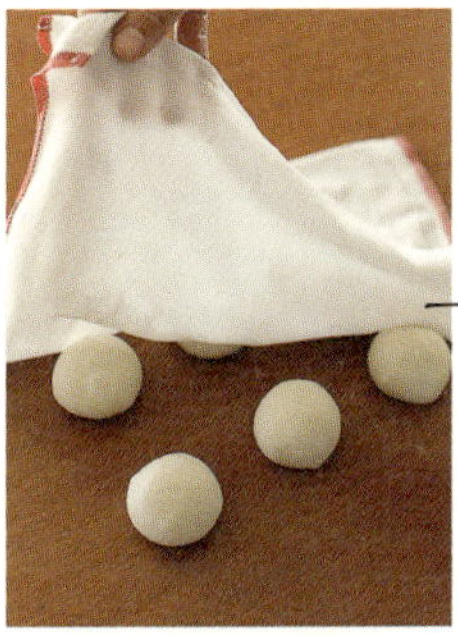

ベンチタイム前

ベンチタイム後

8

とじ目を下にして並べ、上からかたくしぼったふきんをかけて、室温（25℃くらい）で20～30分休ませる。生地がひとまわり大きくなり、触るとふっくらする。

成形

9

再度生地の表面を張るようにして丸めなおし、底をしっかりつまんでとじたら、天板の大きさのオーブンシートを敷いた板（まな板やダンボール、お盆など、なんでもOK）の上に、とじ目を下にしてのせる。

最終発酵

発酵前

発酵後

10

生地の上からかたくしぼったふきんをかけて、あたたかいところ（30～33℃）で30～50分置いて発酵させ、1.5倍に膨らませる。途中、オーブンに天板を入れ、200℃に予熱しておく。

仕上げ

11

表面に茶こしで強力粉（分量外）を振り、ナイフでクープを1本入れる。

焼成

12

熱い天板の上にすばやくオーブンシートごと移動させ、200℃で10分、ほんのり焼き色がつく程度に焼く。

つぶつぶ雑穀のパン

雑穀の風味とつぶつぶした食感が楽しい
素朴なパンです。しっかり焼いて全粒粉の
香ばしさを引き出します。

■ 材料（2個分）

強力粉	140g	(70%)
全粒粉	60g	(30%)
塩	2g	(1%)
砂糖	2g	(1%)
酵母	40g	(20%)
水	110g	(55%)
雑穀ミックス	40g	(20%)

雑穀ミックスがしっとりしているか、乾いているかによって、生地に加える水の量を調節してください。本書では、水分を含んだしっとりタイプを使いました。

■ 作り方

生地作り

1 ボウルに雑穀ミックス以外の材料を入れ、ゴムベラで水気がなくなるまで混ぜる。作業台に生地を出し、ひとまとまりになったら、手の付け根で向こう側に押しのばすようにして5〜10分ほどこねる。表面がなめらかになってきたら雑穀ミックスを加え、全体になじんだら、生地の表面を張るようにして丸くまとめる。

一次発酵

2 ボウルに生地を入れてラップをかけ、25〜28℃で生地が2〜2.5倍の大きさになるまで発酵させる。およそ5〜8時間かかる。

発酵前　発酵後

分割

3 カードを使って生地を作業台に移し、2分割する。切り口を底に入れこみながら、生地の表面を張るようにして丸くまとめたら、底に集まった生地を指でつまんでとじる。

ベンチタイム

4 とじ目を下にして並べ、上からかたくしぼったふきんをかけて、室温（25℃くらい）で20〜30分休ませる。

成形

5 とじ目を下にして作業台に置き、指先で全体を軽く押さえて平らにする。裏返してきれいな面を下にし、向こう側を真ん中へ、手前側を真ん中へ折り、さらに2つ折りにする。合わせ目をつまんでとじたら、作業台の上でコロコロと転がし、長さ約17cmにのばして形を整える。天板の大きさのオーブンシートを敷いた板の上に、とじ目を下にしてのせる。

平らにする　向こう側と手前側を折る
2つ折りにしてとじる　作業台の上で転がす

最終発酵

6 生地の上からかたくしぼったふきんをかけて、あたたかいところ（30〜33℃）で40〜60分置いて発酵させ、1.5倍に膨らませる。途中、オーブンに天板を入れ、200℃に予熱しておく。

発酵前　発酵後

仕上げ

7 表面に茶こしで強力粉（分量外）を振り、ナイフでクープを3本入れる。

焼成

8 熱い天板の上にすばやくオーブンシートごと移動させ、200℃で18分焼く。

ごまとひまわりのパン

たっぷりの黒ごまの中から ひまわりの種の甘みが
にじみ出てきます。たくさん噛んでこの甘みを
もっと味わいたいって思うパンです。

■ 材料（3個分）

強力粉	200g	（100%）
塩	2g	（1%）
砂糖	2g	（1%）
酵母	40g	（20%）
水	120g	（60%）
洗いごま（黒）	30g	（15%）
ひまわりの種	30g	（15%）

■ 下準備

ひまわりの種は、150℃に予熱したオーブンで7分ほど焼いて冷ましておく。

■ 作り方

生地作り

1 ボウルにすべての材料を入れ、ゴムベラで水気がなくなるまで混ぜる。作業台に生地を出し、ひとまとまりになったら、手の付け根で向こう側に押しのばすようにして5〜10分ほどこねる。表面がなめらかになってきたら、生地の表面を張るようにして丸くまとめる。

一次発酵

2 ボウルに生地を入れてラップをかけ、25〜28℃で生地が2〜2.5倍の大きさになるまで発酵させる。およそ5〜8時間かかる。

発酵前　　発酵後

分割

3 カードを使って生地を作業台に移し、3分割する。切り口を底に入れこみながら、生地の表面を張るようにして丸くまとめたら、底に集まった生地を指でつまんでとじる。

ベンチタイム

4 とじ目を下にして並べ、上からかたくしぼったふきんをかけて、室温（25℃くらい）で20〜30分休ませる。

成形

5 とじ目を下にして作業台に置き、指先で全体を軽く押さえて平らにする。裏返してきれいな面を下にし、向こう側を真ん中へ、手前側を真ん中へ折り、さらに2つ折りにする。合わせ目をつまんでとじ、形を整えたら、天板の大きさのオーブンシートを敷いた板の上に、とじ目を下にしてのせる。

平らにする　　向こう側と手前側を折る　　2つ折りにしてとじる

最終発酵

6 生地の上からかたくしぼったふきんをかけて、あたたかいところ（30〜33℃）で40〜60分置いて発酵させ、1.5倍に膨らませる。途中、オーブンに天板を入れ、200℃に予熱しておく。

発酵前　　発酵後

仕上げ

7 表面に茶こしで強力粉（分量外）を振り、ナイフでクープを2本入れる。

焼成

8 熱い天板の上にすばやくオーブンシートごと移動させ、200℃で18分焼く。

木の実のパン

木の実いろいろぎっしりつまった食べごたえのある
パンになりました。
しっかり焼いて木の実の香ばしさも楽しみましょう。

■ 材料（3個分）

強力粉		140g（70%）
全粒粉		60g（30%）
塩		2g（1%）
砂糖		2g（1%）
酵母		40g（20%）
水		110g（55%）
A	くるみ	10g（5%）
	カシューナッツ	20g（10%）
	ひまわりの種	10g（5%）
	かぼちゃの種	20g（10%）

■ 下準備

くるみとカシューナッツは、150℃に予熱したオーブンで10分ほど、ひまわりの種とかぼちゃの種は7分ほど焼いて冷ましておく。くるみは半分に割っておく。

■ 作り方

生地作り

1 ボウルにA以外の材料を入れ、ゴムベラで水気がなくなるまで混ぜる。作業台に生地を出し、ひとまとまりになったら、手の付け根で向こう側に押しのばすようにして5～10分ほどこねる。表面がなめらかになってきたらAを加え、全体になじんだら、生地の表面を張るようにして丸くまとめる。

一次発酵

2 ボウルに生地を入れてラップをかけ、25～28℃で生地が2倍の大きさになるまで発酵させる。およそ5～8時間かかる。

発酵前
発酵後

分割

3 カードを使って生地を作業台に移し、3分割する。切り口を底に入れこみながら、生地の表面を張るようにして丸くまとめたら、底に集まった生地を指でつまんでとじる。

ベンチタイム

4 とじ目を下にして並べ、上からかたくしぼったふきんをかけて、室温（25℃くらい）で20～30分休ませる。

成形

5 とじ目を下にして作業台に置き、指先で全体を軽く押さえて平らにする。裏返してきれいな面を下にし、向こう側を真ん中へ、手前側を真ん中へ折り、さらに2つ折りにする。合わせ目をつまんでとじ、形を整えたら、天板の大きさのオーブンシートを敷いた板の上に、とじ目を下にしてのせる。

1
2
3
平らにする
向こう側と手前側を折る
2つ折りにしてとじる

最終発酵

6 生地の上からかたくしぼったふきんをかけて、あたたかいところ（30～33℃）で40～60分置いて発酵させ、1.5倍に膨らませる。途中、オーブンに天板を入れ、200℃に予熱しておく。

発酵前
発酵後

仕上げ

7 表面に茶こしで強力粉（分量外）を振り、ナイフでクープを2本入れる。

焼成

8 熱い天板の上にすばやくオーブンシートごと移動させ、200℃で18分焼く。

あんずチョコパン

すっきりした酸味のあんずが
チョコの甘さをきりりと引き締めます。

あんずとオレンジピールの香りが口に広がり、
後を引くおいしさです。

■ 材料（3個分）

強力粉		140g（70％）
全粒粉		60g（30％）
塩		2g　（1％）
砂糖		2g　（1％）
酵母		40g（20％）
水		104g（52％）
A	ドライアプリコット	30g（15％）
	オレンジピール	20g（10％）
	スイートチョコレート	30g（15％）

■ 下準備

・ドライアプリコットは少量のぬるま湯に15分ほど浸し、水気を切って粗く刻んでおく。

・オレンジピールは細かく刻んでおく。

・スイートチョコレートは粗く刻んでおく。

手作り飲みもの

季節ごとに大鍋でジャムを作る。
おいしさをぎゅっとつめるように果物を煮るのが好き。
お店ではチーズやクリームと合わせてパンにしていたけれど、もう今はあんまり食べない。でもたくさん作りたーい。
だから、少しゆるめに煮て、ジュースのもとにしてビンにつめる。炭酸で割ってフルーツソーダ、ミルクで割ってフルーツミルク、お湯割りもいいね。
さ、今日はどれにする？

■ 作り方

生地作り

1 ボウルにA以外の材料を入れ、ゴムベラで水気がなくなるまで混ぜる。作業台に生地を出し、ひとまとまりになったら、手の付け根で向こう側に押しのばすようにして5～10分ほどこねる。表面がなめらかになってきたらAを加え、全体になじんだら、生地の表面を張るようにして丸くまとめる。

一次発酵

2 ボウルに生地を入れてラップをかけ、25～28℃で生地が2～2.5倍の大きさになるまで発酵させる。およそ5～8時間かかる。

発酵前

発酵後

分割

3 カードを使って生地を作業台に移し、3分割する。切り口を底に入れこみながら、生地の表面を張るようにして丸くまとめたら、底に集まった生地を指でつまんでとじる。

ベンチタイム

4 とじ目を下にして並べ、上からかたくしぼったふきんをかけて、室温（25℃くらい）で20～30分休ませる。

成形

5 再度生地の表面を張るようにして丸めなおし、底をしっかりつまんでとじたら、天板の大きさのオーブンシートを敷いた板の上に、とじ目を下にしてのせる。

最終発酵

6 生地の上からかたくしぼったふきんをかけて、あたたかいところ（30～33℃）で40～60分置いて発酵させ、1.5倍に膨らませる。途中、オーブンに天板を入れ、200℃に予熱しておく。

発酵前

発酵後

仕上げ

7 表面に茶こしで強力粉（分量外）を振り、ナイフでクープを3本入れる。

焼成

8 熱い天板の上にすばやくオーブンシートごと移動させ、200℃で18分焼く。

ライ麦の生地に ぎゅぎゅっとたっぷりの具。
いちじくがこげるのを防ぐために、生地で
包むように成形します。

いちじくとくるみのパン

■ 材料（3個分）

強力粉		160g	（80％）
ライ麦		40g	（20％）
塩		2g	（1％）
砂糖		2g	（1％）
酵母		40g	（20％）
水		100g	（50％）
A	ドライフィグ（黒）	60g	（30％）
	くるみ	40g	（20％）

■ 下準備

・ドライフィグはヘタをはずして半分に切り、少量の赤ワインまたは水（分量外）に15分ほど浸し、しっかり水気を切っておく。

・くるみは150℃に予熱したオーブンで10分ほど焼いて、半分に割って冷ましておく。

■ 作り方

生地作り

1 ボウルにA以外の材料を入れ、ゴムベラで水気がなくなるまで混ぜる。作業台に生地を出し、ひとまとまりになったら、手の付け根で向こう側に押しのばすようにして5分ほどこねる。生地を1/4と3/4に分け、1/4の生地はそのまま生地を張るようにして丸め、底をつまんでとじる。3/4の生地にはAを加え、全体になじんだら、おにぎりを握るようにして丸くまとめる。

一次発酵

2 それぞれボウルに生地を入れてラップをかけ、20～25℃で生地が1.5倍の大きさになるまで発酵させる。およそ5～7時間かかる。

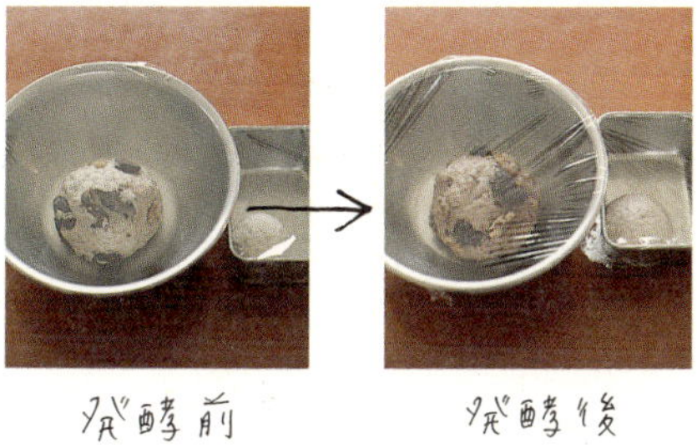
発酵前
発酵後

分割

3 カードを使って生地を作業台に移し、それぞれ3分割する。Aが入っている生地はおにぎりを握るようにして丸くまとめる。生地のみのものは、切り口を底に入れこみながら、生地の表面を張るようにして丸くまとめ、底に集まった生地を指でつまんでとじる。

ベンチタイム

4 とじ目を下にして並べ、上からかたくしぼったふきんをかけて、室温（25℃くらい）で20～30分休ませる。

成形

5 Aが入っている生地はおにぎりを握るようにして丸めなおす。生地のみのものを麺棒で直径約12cmにのばしたら、Aが入っている生地の上にのせ、生地の表面を張るようにしながらぴったり包みこみ、底をつまんでとじる。天板の大きさのオーブンシートを敷いた板の上に、とじ目を下にしてのせる。

1
2
3
生地をのばす
具入りの生地を包む
底をとじる

最終発酵

6 生地の上からかたくしぼったふきんをかけて、あたたかいところ（28℃くらい）で30～50分置いて発酵させ、ひとまわり大きく膨らませる。途中、オーブンに天板を入れ、200℃に予熱しておく。

発酵前
発酵後

仕上げ

7 表面に茶こしで強力粉（分量外）を振り、ナイフでクープを十字に入れる。

焼成

8 オーブンの中と生地にたっぷり霧吹きで水をかけ、熱い天板の上にすばやくオーブンシートごと移動させ、200℃で22分焼く。

※ライ麦入りのパンは、焼く前に霧吹きをした方が膨らみやすく、中まで火が入りやすい。

ベリーパン

風味豊かな生地にドライフルーツをふんだんに入れます。
フルーツの甘ずっぱさ、みずみずしいクリームチーズが
絶妙な組み合わせです。

■ 材料（4個分）

強力粉	150g	(75%)
全粒粉	20g	(10%)
ライ麦粉	30g	(15%)
塩	2g	(1%)
酵母	40g	(20%)
水	100g	(50%)
A ┌ ドライクランベリー	20g	(10%)
├ ドライブルーベリー	10g	(5%)
├ レーズン	20g	(10%)
└ カレンツ	20g	(10%)
クリームチーズ	100g	(50%)

■ 下準備

Aは合わせて、少量の赤ワインまたは水（分量外）に15分ほど浸し、しっかり水気を切っておく。

■ 作り方

生地作り

1　ボウルに強力粉、全粒粉、ライ麦粉、塩、酵母、水を入れ、ゴムベラで水気がなくなるまで混ぜる。作業台に生地を出し、ひとまとまりになったら、手の付け根で向こう側に押しのばすようにして5分ほどこねる。表面がなめらかになったらAを加え、全体になじんだら、生地の表面を張るようにして丸くまとめる。

一次発酵

2　ボウルに生地を入れてラップをかけ、25〜28℃で生地が1.5〜2倍の大きさになるまで発酵させる。およそ5〜7時間かかる。

発酵前　　発酵後

分割

3　カードを使って生地を作業台に移し、4分割したら、おにぎりを握るようにまとめて円柱型にする。

ベンチタイム

4　ドライフルーツが多い面があれば、そこを下にして並べ、上からかたくしぼったふきんをかけて、室温（25℃くらい）で20〜30分休ませる。

成形

5　手のひらで生地をコロコロと転がして細長くしたら、ドライフルーツの多い面を下にして作業台に置き、手の側面の部分で端から押さえて長さ約20cm、幅約5cmの横長にのばす。裏返してきれいな面を下にし、生地の中心にクリームチーズを塗る。向こう側と手前側の生地を寄せて、合わせ目をつまんでとじ、作業台の上でコロコロと転がして形を整えたら、天板の大きさのオーブンシートを敷いた板の上に、とじ目を下にしてのせる。

手のひらで転がす　横長にのばす　クリームチーズを塗る

合わせ目をつまんでとじる　作業台の上で転がす

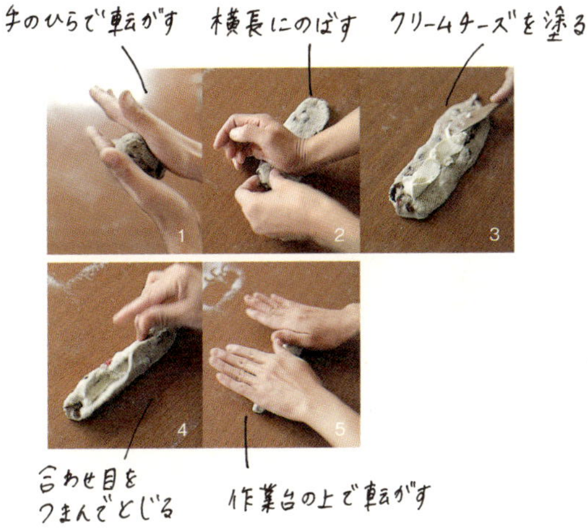

最終発酵

6　生地の上からかたくしぼったふきんをかけて、あたたかいところ（28℃くらい）で30〜50分置いて発酵させ、ひとまわり大きく膨らませる。途中、オーブンに天板を入れ、200℃に予熱しておく。

発酵前　　発酵後

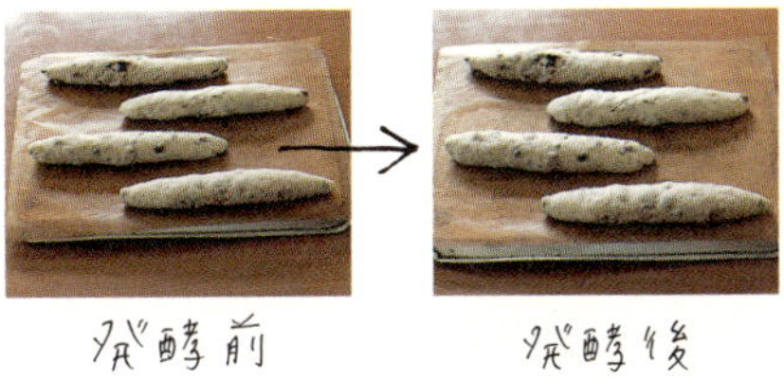

仕上げ

7　表面に茶こしで強力粉（分量外）を振り、キッチンばさみで切りこみを5カ所入れる。生地を持ちあげ、クープを軽く広げる。

切りこみを入れる　クープを軽く広げる

焼成

8　オーブンの中と生地にたっぷり霧吹きで水をかけ、熱い天板の上にすばやくオーブンシートごと移動させ、200℃で18分焼く。

※ライ麦入りのパンは、焼く前に霧吹きをした方が膨らみやすく、中まで火が入りやすい。

食事パンに合うディップ

シンプルな食事パンにぴったりのディップのレシピをご紹介します。混ぜるだけの簡単レシピがほとんどなので、パンを焼いている間にさっと作ってみてください。

マスタードバター

■ 材料

無塩バター	50g
粒マスタード	20g
塩	適宜

■ 作り方

室温に戻してやわらかくしたバターと粒マスタードをなめらかに混ぜ合わせたら、塩で味をととのえる。

ツナとリコッタチーズのディップ

■ 材料

ツナ	1缶
リコッタチーズ	50g
赤玉ねぎ	1/3個
白ワインビネガー	小さじ2
オリーブオイル	大さじ1
塩	適宜

■ 作り方

赤玉ねぎは細かいみじん切りにして水に5分ほどさらし、しっかり水切りする。材料すべてを混ぜ合わせ、塩で味をととのえる。

きのことひよこ豆のディップ

■ 材料

まいたけ	50g
しめじ	50g
ひよこ豆（ゆでたもの）	50g
アンチョビ	2切れ
にんにく	1/3片
オリーブオイル	大さじ2
塩	適宜

■ 作り方

みじん切りにしたにんにくをオリーブオイルで香りが出るまで弱火で炒める。刻んだまいたけ、しめじを加えてしんなりするまで中火で炒め、仕上げにアンチョビを刻んで加える。ゆでたひよこ豆とともにフードプロセッサーでなめらかにする。味を見て足りなければ、塩で味をととのえる。

オリーブバター

■ 材料

無塩バター	50g
黒オリーブ（種なし）	20g
塩	適宜

■ 作り方

室温に戻してやわらかくしたバターと細かく刻んだオリーブを混ぜ合わせる。味を見て足りなければ、塩で味をととのえる。

枝豆のディップ

■ 材料

枝豆（塩ゆでしてさやから出したもの）	30g
クリームチーズ	50g
豆乳	10g
塩	ひとつまみ

■ 作り方

枝豆をすり鉢でつぶし、ほかの材料とともになめらかに混ぜ合わせる。

サーモンディップ

■ 材料

スモークサーモン	25g
サワークリーム	50g
にんにくのすりおろし	少々
オリーブオイル	大さじ1
ディル	1枝
塩	適宜

■ 作り方

スモークサーモンはすり鉢などでつぶし、ディルは細かく刻む。すべての材料を混ぜ合わせ、味を見て足りなければ、塩で味をととのえる。

2 しっとりやわらか 食事パン

バターを配合した、しっとりとした生地のパンをご紹介します。
やわらかくて食べやすく、何個でも食べられちゃいます。

いちじくパン

バターを配合した しっとりとした生地です。
いちじくのねっとり濃厚な甘みと
プチプチとした食感が楽しめます。

■ 材料（4個分）

強力粉	200g	（100％）
塩	2g	（1％）
砂糖	2g	（1％）
酵母	40g	（20％）
水	100g	（50％）
無塩バター	20g	（10％）
ドライフィグ（白）	50g	（25％）

■ 下準備

・バターは室温に戻しておく。
・ドライフィグはヘタがついていればはずし、少量の水（分量外）に10分ほど浸し、水気を切って4つ切りにしておく。

■ 作り方

生地作り

1
ボウルに強力粉、塩、砂糖、酵母、水を入れ、ゴムベラで水気がなくなるまで混ぜる。

2
作業台に生地を出し、手で握るようにしてまとめていく。

3
ひとまとまりになったらバターを加え、台にすりつけるようにして生地をこねる。手の付け根で向こう側に押しのばし、生地の先を手前に折りたたんだら90度回す。これをくり返して10分ほどこねる。

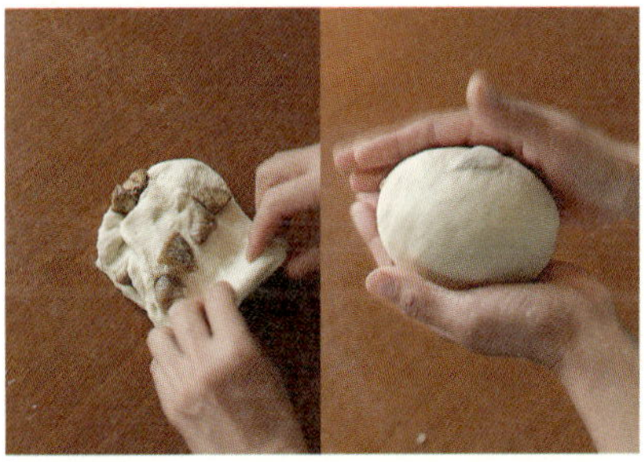

4
生地が手につかなくなって表面がなめらかになってきたら、ドライフィグを加える。広げた生地の上に半量をのせて折りたたむようになじませたら、残りも同様にしてなじませる。全体にまんべんなく行き渡ったら、生地の表面を張るようにして丸くまとめる。

一次発酵

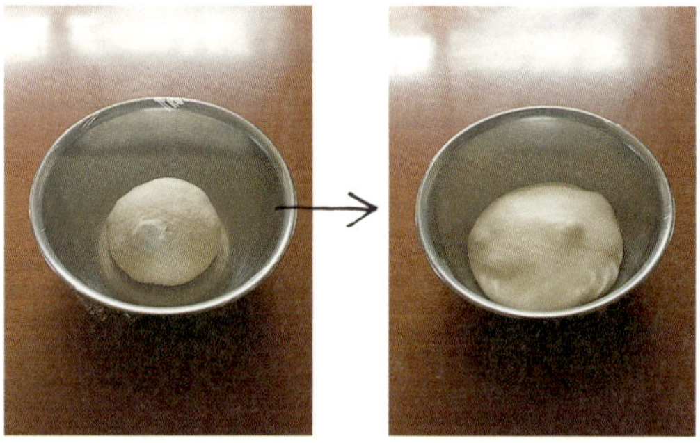

発酵前　　発酵後

5

ボウルに生地を入れてラップをかけ、25～28℃で生地が2～2.5倍の大きさになるまで発酵させる。およそ5～8時間かかる。

分割

6

カードを使って生地を作業台に移し、4分割する。

7

切り口を底に入れこみながら、生地の表面を張るようにして丸くまとめたら、底に集まった生地を指でつまんでとじる。

ベンチタイム

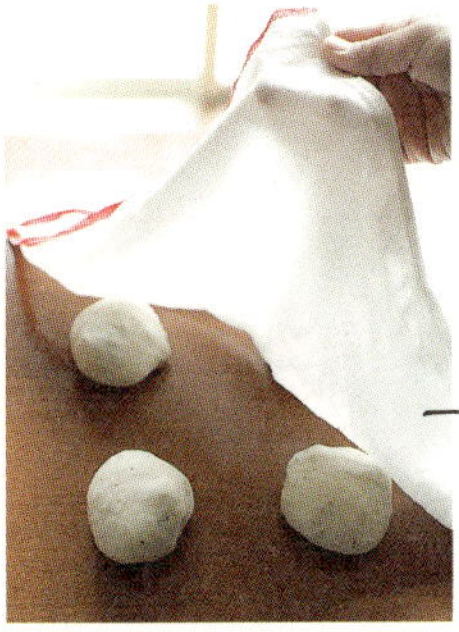

ベンチタイム前

ベンチタイム後

8

とじ目を下にして並べ、上からかたくしぼったふきんをかけて、室温（25℃くらい）で20～30分休ませる。生地がひとまわり大きくなり、触るとふっくらする。

成形

9

再度生地の表面を張るようにして丸め、ドライフィグが表面に出てくるようであれば中に入れなおし、底をしっかりつまんでとじる。天板の大きさのオーブンシートを敷いた板（まな板やダンボール、お盆など、なんでもOK）の上に、とじ目を下にしてのせる。

最終発酵

発酵前

発酵後

10

生地の上からかたくしぼったふきんをかけて、あたたかいところ（30～33℃）で30～50分置いて発酵させ、1.5倍に膨らませる。途中、オーブンに天板を入れ、200℃に予熱しておく。

仕上げ

11

表面に茶こしで強力粉（分量外）を振り、ナイフでクープを1本入れる。

焼成

12

熱い天板の上にすばやくオーブンシートごと移動させ、200℃で14分、ほんのり焼き色がつく程度に焼く。

オレンジレーズンパン

■ 材料（2個分）

強力粉	200g	(100%)
塩	2g	(1%)
砂糖	2g	(1%)
酵母	40g	(20%)
水	100g	(50%)
無塩バター	20g	(10%)
A オレンジピール	14g	(7%)
A レーズン	60g	(30%)

■ 下準備

・バターは室温に戻しておく。
・オレンジピールは細かく刻んでおく。
・レーズンは少量の水（分量外）に10分ほど浸し、しっかり水気を切っておく。

■ 作り方

生地作り

1 ボウルに強力粉、塩、砂糖、酵母、水を入れ、ゴムベラで水気がなくなるまで混ぜる。作業台に生地を出し、ひとまとまりになったらバターを加え、台にすりつけるようにして10分ほどこねる。表面がなめらかになってきたらAを加え、全体になじんだら、生地の表面を張るようにして丸くまとめる。

一次発酵

2 ボウルに生地を入れてラップをかけ、25～28℃で生地が2～2.5倍の大きさになるまで発酵させる。およそ5～8時間かかる。

発酵前　発酵後

分割

3 カードを使って生地を作業台に移し、2分割する。切り口を底に入れこみながら、生地の表面を張るようにして丸くまとめたら、底に集まった生地を指でつまんでとじる。

ベンチタイム

4 とじ目を下にして並べ、上からかたくしぼったふきんをかけて、室温（25℃くらい）で20～30分休ませる。

成形

5 とじ目を下にして作業台に置き、指先で全体を軽く押さえて平らにする。裏返してきれいな面を下にし、向こう側を真ん中へ、手前側を真ん中へ折り、さらに2つ折りにする。合わせ目をつまんでとじ、形を整えたら、天板の大きさのオーブンシートを敷いた板の上に、とじ目を下にしてのせる。

平らにする　向こう側と手前側を折る　2つ折りにしてとじる

最終発酵

6 生地の上からかたくしぼったふきんをかけて、あたたかいところ（30～33℃）で40～60分置いて発酵させ、1.5倍に膨らませる。途中、オーブンに天板を入れ、200℃に予熱しておく。

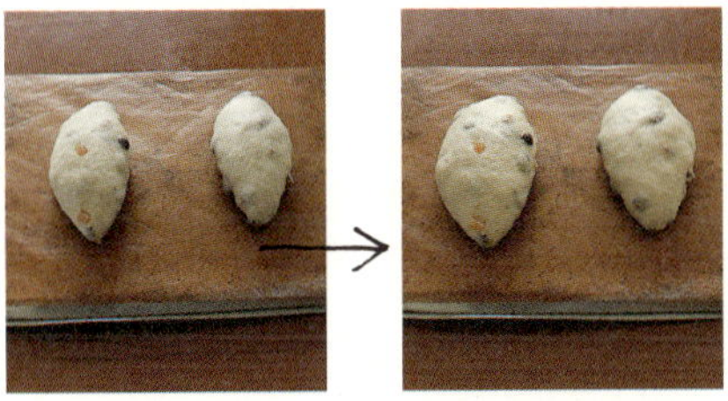

発酵前　発酵後

仕上げ

7 表面に茶こしで強力粉（分量外）を振り、ナイフでクープを3本入れる。

焼成

8 熱い天板の上にすばやくオーブンシートごと移動させ、200℃で16分焼く。

はちみつパン

やわらかな甘みと豊かな香りのパンです。
はちみつの風味が残るので、ぜひお好みの
はちみつで作ってください。

■ 材料（直径 15cm のセルクル型 1 個分）

強力粉	200g	（100%）
塩	2g	（1%）
はちみつ	20g	（10%）
酵母	40g	（20%）
水	100g	（50%）
無塩バター	20g	（10%）

■ 下準備

・バターは室温に戻しておく。
・セルクル型の内側に油を塗っておく。

息子とパン

夜寝るときに「今日はなんのお話しする？」って聞くと「パン」って答える。すばらしい。パン屋の息子の鏡だ。酵母やパンの作り方をはじめから順に説明する。フンフンうなずいて、そのうち眠る。なんだかすごいパンの人になりそうだ。
ようやく一緒にパンを作れようになってきたよ。
鼻息をフガフガさせて粘土みたいに一生懸命いじる。
そのままオーブンに入れて得意のスタートボタン。「チーン」。
大きくなったらもっと一緒に作れるのかな。
楽しみ楽しみ。

■ 作り方

生地作り

1 ボウルにバター以外の材料を入れ、ゴムベラで水気がなくなるまで混ぜる。作業台に生地を出し、ひとまとまりになったらバターを加え、台にすりつけるようにして10分ほどこねる。表面がなめらかになってきたら、生地の表面を張るようにして丸くまとめる。

一次発酵

2 ボウルに生地を入れてラップをかけ、25～28℃で生地が 2～2.5倍の大きさになるまで発酵させる。およそ 5～8時間かかる。

発酵前　　発酵後

分割

3 カードを使って生地を作業台に移し、6 分割する。切り口を底に入れこみながら、生地の表面を張るようにして丸くまとめたら、底に集まった生地を指でつまんでとじる。

ベンチタイム

4 とじ目を下にして並べ、上からかたくしぼったふきんをかけて、室温（25℃くらい）で 20～30 分休ませる。

成形

5 再度生地を丸めなおして整えたら、セルクル型の側面に沿って生地を並べる。

最終発酵

6 型の上からかたくしぼったふきんをかけて、あたたかいところ（30～33℃）で 50～70 分置いて発酵させ、1.5倍に膨らませる。途中、オーブンに天板を入れ、200℃に予熱しておく。

発酵前　　発酵後

焼成

7 熱い天板の上にすばやくオーブンシートごと移動させ、200℃で 22 分焼く。

お豆のパン

市販の鹿の子豆を使って手軽に作ります。
ミックスの鹿の子豆で作ると、うっとり美しい色にできあがります。

■ 材料（4個分）

強力粉	200g（100%）
塩	2g　（1%）
はちみつ	10g　（5%）
酵母	40g　（20%）
水	104g（52%）
無塩バター	30g　（15%）
鹿の子豆	160g（80%）

■ 下準備

・バターは室温に戻しておく。

鹿の子豆は、いろいろなお豆が入っている鹿の子ミックスを使うのがおすすめです。

■ 作り方

生地作り

1 ボウルに強力粉、塩、はちみつ、酵母、水を入れ、ゴムベラで水気がなくなるまで混ぜる。作業台に生地を出し、ひとまとまりになったらバターを加え、台にすりつけるようにして10分ほどこねる。表面がなめらかになってきたら、生地の表面を張るようにして丸くまとめる。

一次発酵

2 ボウルに生地を入れてラップをかけ、25～28℃で生地が2～2.5倍の大きさになるまで発酵させる。およそ5～8時間かかる。

発酵前
発酵後

分割

3 カードを使って生地を作業台に移し、8分割する。切り口を底に入れこみながら、生地の表面を張るようにして丸くまとめたら、底に集まった生地を指でつまんでとじる。

ベンチタイム

4 とじ目を下にして並べ、上からかたくしぼったふきんをかけて、室温（25℃くらい）で20～30分休ませる。

成形

5 鹿の子豆を8等分して作業台の上に並べる。生地を豆の上にのせたら、上から手のひらで軽く押して豆を生地にくっつける。豆がついた2つの生地を重ね合わせたら、上の生地で全体を包みこむようにして丸め、底に集まった生地を指でつまんでとじる。天板の大きさのオーブンシートを敷いた板の上に、とじ目を下にしてのせる。

豆を8等分する
生地をのせる
1
2
3
4
重ね合わせる
丸めて底をとじる

最終発酵

6 生地の上からかたくしぼったふきんをかけて、あたたかいところ（30～33℃）で30～50分置いて発酵させ、1.5倍に膨らませる。途中、オーブンに天板を入れ、180℃に予熱しておく。

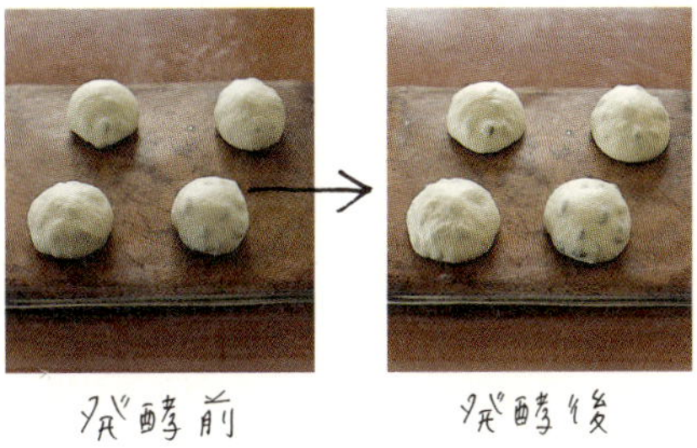
発酵前
発酵後

仕上げ

7 表面に茶こしで強力粉（分量外）を振る。

焼成

8 熱い天板の上にすばやくオーブンシートごと移動させ、180℃で16分、ほんのり焼き色がつく程度に焼く。

ハーブチーズパン

庭のハーブを摘んでハーブチーズを作りました。
お好みのハーブでお試しください。
そのままパンに塗って食べてもおいしいです。

■ 材料（8個分）

強力粉	200g	（100%）
塩	2g	（1%）
砂糖	2g	（1%）
酵母	40g	（20%）
水	100g	（50%）
無塩バター	20g	（10%）
ハーブチーズ	160g	（80%）

■ 下準備

・バターは室温に戻しておく。

・ハーブチーズ（作り方は右参照）を８等分にし、ラップで丸めておく。

ハーブチーズの作り方

●材料

クリームチーズ　160g

ローズマリー　1枝

タイム　2枝

塩、黒こしょう　各適宜

●作り方

ローズマリーとタイムは枝から葉をはずして細かく刻み、クリームチーズになめらかに混ぜこんで、塩、黒こしょうで味をととのえる。

■ 作り方

生地作り

1 ボウルに強力粉、塩、砂糖、酵母、水を入れ、ゴムベラで水気がなくなるまで混ぜる。作業台に生地を出し、ひとまとまりになったらバターを加え、台にすりつけるようにして10分ほどこねる。表面がなめらかになってきたら、生地の表面を張るようにして丸くまとめる。

一次発酵

2 ボウルに生地を入れてラップをかけ、25～28℃で生地が2～2.5倍の大きさになるまで発酵させる。およそ5～8時間かかる。

分割

3 カードを使って生地を作業台に移し、8分割する。切り口を底に入れこみながら、生地の表面を張るようにして丸くまとめたら、底に集まった生地を指でつまんでとじる。

ベンチタイム

4 とじ目を下にして並べ、上からかたくしぼったふきんをかけて、室温（25℃くらい）で20～30分休ませる。

成形

5 生地を指で軽く押さえ、直径約7cmの円形に広げたら、裏返してきれいな面を下にする。生地の真ん中に、ラップをはがしたハーブチーズをのせる。シューマイを作るときの要領で、親指とほかの4本の指で円を作って親指と人差し指の上に生地をのせ、ハーブチーズをへらで押しこむようにして包む。生地を指でつまんでとじたら、天板の大きさのオーブンシートを敷いた板の上に、とじ目を下にしてのせる。

最終発酵

6 生地の上からかたくしぼったふきんをかけて、あたたかいところ（30～33℃）で30～50分置いて発酵させ、ひとまわり大きく膨らませる。途中、オーブンに天板を入れ、200℃に予熱しておく。

仕上げ

7 表面に茶こしで強力粉（分量外）を振り、チーズが見えるところまでキッチンばさみで十字に切りこみを入れる。縦に1回切りこみを入れたら、垂直に交わるように切りこみの右、切りこみの左と2回にわけて切りこみを入れ、十字にする。

焼成

8 熱い天板の上にすばやくオーブンシートごと移動させ、200℃で14分焼く。

クランベリーチーズパン

甘ずっぱいクランベリーと クリームチーズがよく合う
デザートのようなパンです。

■ 材料（8個分）

強力粉	200g	（100%）
塩	2g	（1%）
砂糖	2g	（1%）
酵母	40g	（20%）
水	100g	（50%）
無塩バター	20g	（10%）
ドライクランベリー	50g	（25%）
クリームチーズ	160g	（80%）

■ 下準備

・バターは室温に戻しておく。
・ドライクランベリーは水（分量外）に10分ほど浸し、しっかり水気を切っておく。
・クリームチーズは8等分にして、ラップで丸めておく。

■ 作り方

生地作り

1 ボウルに強力粉、塩、砂糖、酵母、水を入れ、ゴムベラで水気がなくなるまで混ぜる。作業台に生地を出し、ひとまとまりになったらバターを加え、台にすりつけるようにして10分ほどこねる。表面がなめらかになってきたらクランベリーを加え、全体になじんだら、生地の表面を張るようにして丸くまとめる。

一次発酵

2 ボウルに生地を入れてラップをかけ、25～28℃で生地が2～2.5倍の大きさになるまで発酵させる。およそ5～8時間かかる。

発酵前　発酵後

分割

3 カードを使って生地を作業台に移し、8分割する。切り口を底に入れこみながら、生地の表面を張るようにして丸くまとめたら、底に集まった生地を指でつまんでとじる。

ベンチタイム

4 とじ目を下にして並べ、上からかたくしぼったふきんをかけて、室温（25℃くらい）で20～30分休ませる。

成形

5 生地を指で軽く押さえ、直径約7cmの円形に広げたら、裏返してきれいな面を下にする。生地の真ん中に、ラップをはがしたクリームチーズをのせる。P47のハーブチーズパンの作り方と同様にシューマイを作るときの要領で、親指とほかの4本の指で円を作って親指と人差し指の上に生地をのせ、クリームチーズをへらで押しこむようにして包む。生地を指でつまんでとじたら、天板の大きさのオーブンシートを敷いた板の上に、とじ目を下にしてのせる。

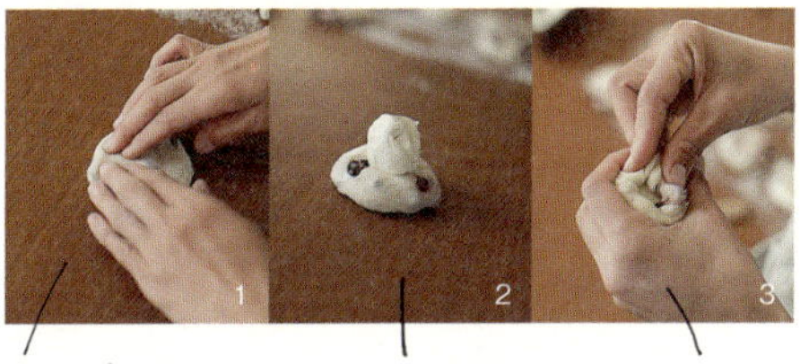

円形に広げる　クリームチーズをのせる　クリームチーズを包む

最終発酵

6 生地の上からかたくしぼったふきんをかけて、あたたかいところ（30～33℃）で30～50分置いて発酵させ、ひとまわり大きく膨らませる。途中、オーブンに天板を入れ、200℃に予熱しておく。

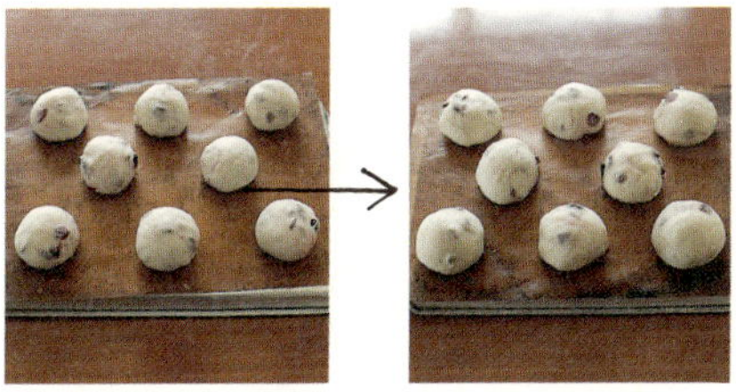

発酵前　発酵後

焼成

7 熱い天板の上にすばやくオーブンシートごと移動させ、200℃で14分焼く。

食事パンに合うおそうざい

パンに合わせると、朝食やブランチになるメニューをご紹介します。
何種類か作って、パンと一緒にワンプレートで盛りつけてもいいですね。

葉っぱとグレープフルーツのサラダ

■ 材料（2人分）

サニーレタス	2枚
ルッコラ	1束
クレソン	1/2束
赤からし菜	1/2束
グレープフルーツ	1個

＜マスタードドレッシング＞

オリーブオイル	大さじ3
白ワインビネガー	大さじ1
粒マスタード	小さじ1
塩	小さじ2/3
こしょう	少々

■ 作り方

ドレッシングの材料をあらかじめよく混ぜ合わせておく。野菜は食べやすくちぎり、薄皮をむいたグレープフルーツと合わせ、ドレッシングであえる。

きのこのソテー

■ 材料（2人分）

しいたけ	6枚
エリンギ	2本
マッシュルーム	6個
にんにく	1/2片
オリーブオイル	大さじ2
ローズマリー	1枝
塩	適宜
こしょう	少々

■ 作り方

しいたけは石づきを取り、半分に切る。エリンギは半分の長さに切って、縦に4等分する。マッシュルームは石づきを取る。フライパンにオリーブオイルとにんにく、ローズマリーを入れて弱火で炒め、香りが出てきたらきのこを入れ、塩、こしょうを振って強火で炒める。

じゃがいもと
オリーブペーストのサラダ

■ 材料（2人分）

じゃがいも	3個
クリームチーズ	40g
オリーブペースト	10g
牛乳	20g
塩	適宜

■ 作り方

じゃがいもはふかしてひと口大に切る。クリームチーズとオリーブペーストを合わせて牛乳でのばしたら、塩で味をととのえ、ふかしたじゃがいもとあえる。

紫キャベツのソテー

■ 材料（2人分）

紫キャベツ	1/2個
オリーブオイル	大さじ3
白ワインビネガー	少々
塩	小さじ1/2

■ 作り方

紫キャベツは食べやすく切り、フライパンにオリーブオイルと塩、少量の水とともに入れ、ふたをして強火にかける。蒸気が出てきたら、火を弱めて少し蒸す。やわらかくなってきたら、仕上げに白ワインビネガーをかける。

トマトとリコッタチーズのサラダ

■ 材料（2人分）

トマト（中）	3個
リコッタチーズ	60g
＜フレンチドレッシング＞	
オリーブオイル	大さじ3
白ワインビネガー	大さじ1
塩	小さじ2/3
こしょう	少々

■ 作り方

ドレッシングの材料をあらかじめよく混ぜ合わせておく。ひと口大に切ったトマトをドレッシングであえたら、リコッタチーズを上にのせる。

3 野菜たっぷり 八百屋パン

自然のおいしさがじんわり広がる、野菜のパンをご紹介します。
生地に油を混ぜこみ、あっさりもっちりした仕上がりに。

さつまいもパン

たっぷりのさつまいもを生地にねりこんで
さつまいもの甘さが際立つパンです。
しっとりとしたやわらかさが長持ちします。

■ 材料（2個分）

強力粉	200g	（100%）
塩	3g	（1.5%）
砂糖	2g	（1%）
酵母	40g	（20%）
水	約90g	（45%）
さつまいも（下準備したもの）	140g	（70%）
菜種油	14g	（7%）

■ 下準備

さつまいもはやわらかく蒸かして皮をむき、つぶして冷ましておく。

※さつまいもの種類によって水分量の調節が必要です。水分の少ないほくほくしたさつまいもの場合は、水を90～100g（45～50%）程度に。水分の多いねっとりしたさつまいもの場合は、80～90g（40～45%）程度に減らします。

■ 作り方

生地作り

1

ボウルにすべての材料を入れ、ゴムベラで水気がなくなるまで混ぜる。

2

作業台に生地を出し、両手で握るようにしてまとめていく。

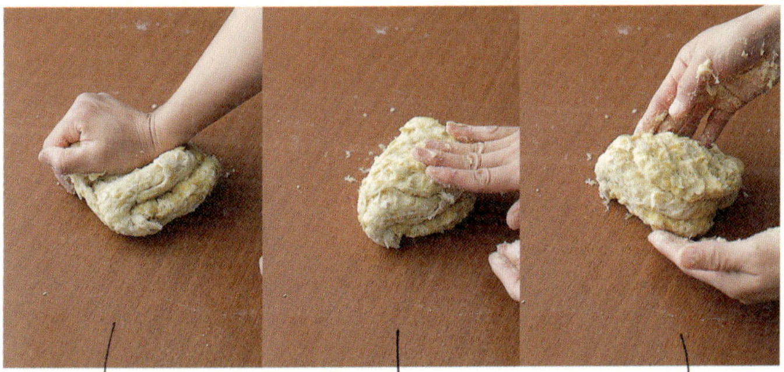

押しのばす　折りたたむ　90度回す

3

ひとまとまりになったら生地をこねる。手の付け根で向こう側に押しのばし、生地の先を手前に折りたたんだら90度回す。これをくり返して5～10分ほどこねる。

4

表面がなめらかになってきたら、生地の表面を張るようにして丸くまとめる。

一次発酵

発酵前　　発酵後

5

ボウルに生地を入れてラップをかけ、25 ～ 28℃で生地が 2 ～ 2.5 倍の大きさになるまで発酵させる。およそ 5 ～ 8 時間かかる。

分割

6

カードを使って生地を作業台に移し、2分割する。

7

切り口を底に入れこみながら、生地の表面を張るようにして丸くまとめたら、底に集まった生地を指でつまんでとじる。

ベンチタイム

ベンチタイム前　　ベンチタイム後

8

とじ目を下にして並べ、上からかたくしぼったふきんをかけて室温（25℃くらい）で 20 ～ 30 分休ませる。生地がひとまわり大きくなり、触るとふっくらする。

成形

9

とじ目を下にして作業台に置き、指先で全体を軽く押さえて平らにする。

10

裏返してきれいな面を下にし、向こう側を真ん中へ、手前側を真ん中へ折り、さらに2つ折りにする。

11

合わせ目をつまんでとじたら、作業台の上でコロコロと転がし、長さ約24cmにのばす。天板の大きさのオーブンシートを敷いた板（まな板やダンボール、お盆など、なんでもOK）の上に、とじ目を下にしてのせる。

最終発酵

発酵前　　発酵後

12

生地の上からかたくしぼったふきんをかけて、あたたかいところ（30～33℃）で40～60分置いて発酵させ、1.5倍に膨らませる。途中、オーブンに天板を入れ、200℃に予熱しておく。

仕上げ

13

表面に茶こしで強力粉（分量外）を振り、ナイフでクープを4本入れる。

焼成

14

熱い天板の上にすばやくオーブンシートごと移動させ、200℃で15分焼く。

かぼちゃパン

たっぷり 入れたかぼちゃが 楽しい色になりました。
成形はせずに 切りっぱなしのまま 焼きます。

■ 材料（6個分）

強力粉	200g	（100%）
塩	3g	（1.5%）
砂糖	2g	（1%）
酵母	40g	（20%）
水	約60g	（30%）
西洋かぼちゃ（下準備したもの）	140g	（70%）
菜種油	14g	（7%）

■ 下準備

かぼちゃは皮をむいてやわらかく蒸し、つぶして冷ましておく。

※かぼちゃの種類によって水分量の調節が必要です。水分の少ないぽくぽくしたかぼちゃの場合は、水を60～70g（30～35%）程度に。水分の多いねっとりしたかぼちゃの場合は、50～60g（25～30%）程度に減らします。

■ 作り方

生地作り

1 ボウルにすべての材料を入れ、ゴムベラで水気がなくなるまで混ぜる。作業台に生地を出し、ひとまとまりになったら、手の付け根で向こう側に押しのばすようにして5～10分ほどこねる。表面がなめらかになってきたら、生地の表面を張るようにして丸くまとめる（べたつく生地なので、手についてなめらかにならないことも。ある程度こねてあればOK。また、丸められない場合はそのままボウルに移すだけでよい）。

一次発酵

2 ボウルに生地を入れてラップをかけ、25～28℃で生地が2～2.5倍の大きさになるまで発酵させる。およそ5～8時間くらいかかる。

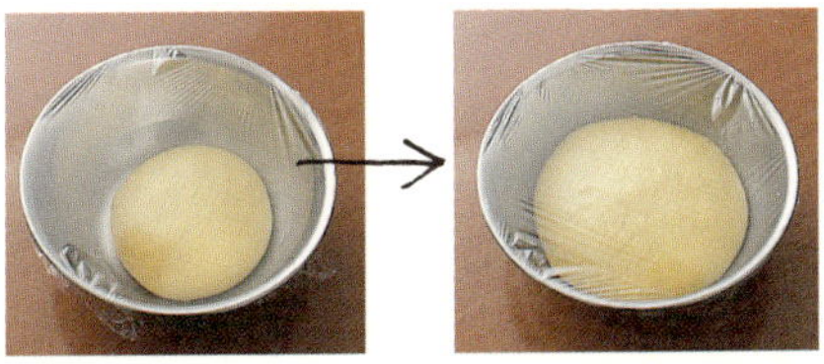

発酵前　発酵後

3 カードを使って生地を作業台に移し、指先で全体を軽く押さえて平らにする。向こう側から手前に1/3、手前から奥へ折って3つ折りにする。90度向きを変えてさらに3つ折りにする。

平らにする　向こう側から1/3折る　手前から奥へ折る

向こう側から1/3折る　手前から奥へ折る

ベンチタイム

4 合わせ目を下にして置き、上からかたくしぼったふきんをかけて、室温（25℃くらい）で20～30分休ませる。

分割

5 指先で生地全体を軽く押さえて平らにし、約16cmの正方形にする。カードで6分割したら、天板の大きさのオーブンシートを敷いた板の上にそのままのせる。

正方形にする　6分割する

最終発酵

6 生地の上からかたくしぼったふきんをかけて、あたたかいところ（30～33℃）で30～50分置いて発酵させ、1.5倍に膨らませる。途中、オーブンに天板を入れ、200℃に予熱しておく。

発酵前　発酵後

焼成

7 熱い天板の上にすばやくオーブンシートごと移動させ、200℃で13分焼く。

にんじんパン

お水のかわりに　ゆでたにんじんを使って
生地をこねます。
春一番の味の濃いにんじんで作ると、
よりおいしいです。

■ 材料（6個分）

強力粉	200g（100%）
塩	2g　（1%）
砂糖	2g　（1%）
酵母	40g　（20%）
にんじん（下準備したもの）	140g　（70%）
菜種油	14g　（7%）

■ 下準備

にんじんはやわらかくゆで、ミキサーにかけてピューレ状にし、冷ましておく。

うちの庭

花は咲く。でも花を愛でる庭ではない。
えへへへ、実のなるものばかり。
みかん、金柑、いちじく、ざくろ、柚子、柿、あけび、びわ、ブルーベリー、リンゴ、梅。
一番の食べごろを鳥さんと一緒に待つ。いや、狙う。あと1日待とうと思っていると、次の朝は「お先にいただきまーす！」もう食べられてる。ピーチクパーチクうれしい歌声が聞こえるよ。だから、鳥さんよりも早起き。朝一番の収穫の競争だ。
そして、足元にはハーブいろいろ。チョイチョイ摘んではスープに入れたり、パンにしたり、お茶にしたり。
おいしいアクセント。

■ 作り方

生地作り

1 ボウルにすべての材料を入れ、ゴムベラで水気がなくなるまで混ぜる。作業台に生地を出し、ひとまとまりになったら、手の付け根で向こう側に押しのばすようにして5～10分ほどこねる。表面がなめらかになってきたら、生地の表面を張るようにして丸くまとめる。

一次発酵

2 ボウルに生地を入れてラップをかけ、25～28℃で生地が2～2.5倍の大きさになるまで発酵させる。およそ5～8時間くらいかかる。

発酵前　　発酵後

分割

3 カードを使って生地を作業台に移し、6分割する。切り口を底に入れこみながら、生地の表面を張るようにして丸くまとめたら、底に集まった生地を指でつまんでとじる。

ベンチタイム

4 とじ目を下にして並べ、上からかたくしぼったふきんをかけて、室温（25℃くらい）で20～30分休ませる。

成形

5 再度生地の表面を張るようにして丸めなおし、底に集まった生地をつまんでとじたら、天板の大きさのオーブンシートを敷いた板の上に、とじ目を下にしてのせる。

最終発酵

6 生地の上からかたくしぼったふきんをかけて、あたたかいところ（30～33℃）で30～50分置いて発酵させ、1.5倍に膨らませる。途中、オーブンに天板を入れ、200℃に予熱しておく。

発酵前　　発酵後

仕上げ

7 表面に強力粉（分量外）を振り、ナイフでクープを1本入れる。

焼成

8 熱い天板の上にすばやくオーブンシートごと移動させ、200℃で12分焼く。

ハムトマトパン

トマトの酸味をハムやチーズでまろやかに
まとめます。
ウインナーやベーコンで作ってもおいしいです。

■ 材料（4個分）

強力粉	200g（100%）
塩	2g　（1%）
砂糖	2g　（1%）
酵母	40g（20%）
トマト缶（ホールでもカットでも可）	140g（70%）
オリーブオイル	14g（7%）
パルメザンチーズ	20g（10%）
ロースハム	4枚
ピザ用チーズ	30g（15%）

■ 作り方

生地作り

1 ボウルに強力粉、塩、砂糖、酵母、トマト缶、オリーブオイル、パルメザンチーズを入れ、ゴムベラで水気がなくなるまで混ぜる。作業台に生地を出し、ひとまとまりになったら、手の付け根で向こう側に押しのばすようにして5～10分ほどこねる。表面がなめらかになってきたら、生地の表面を張るようにして丸くまとめる。

一次発酵

2 ボウルに生地を入れてラップをかけ、25～28℃で生地が2～2.5倍の大きさになるまで発酵させる。およそ5～8時間くらいかかる。

発酵前　発酵後

分割

3 カードを使って生地を作業台に移し、4分割する。切り口を底に入れこみながら、生地の表面を張るようにして丸くまとめたら、底に集まった生地を指でつまんでとじる。

ベンチタイム

4 とじ目を下にして並べ、上からかたくしぼったふきんをかけて、室温（25℃くらい）で20～30分休ませる。

成形

5 とじ目を下にして作業台に置き、生地を指で軽く押さえて直径約10cmの円形に広げる。裏返してきれいな面を下にしたら、ハムをのせてくるくると巻き、巻き終わりをしっかりとじる。ナイフで3分割したら、天板の大きさのオーブンシートを敷いた板の上に、切り口を上にして横に並べる。

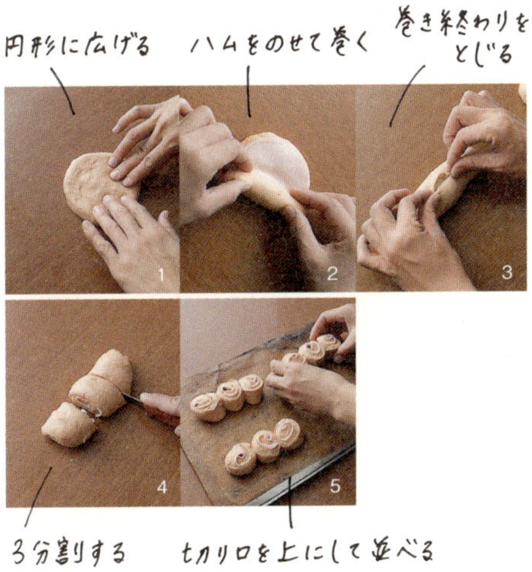

最終発酵

6 生地の上からかたくしぼったふきんをかけて、あたたかいところ（30～33℃）で30～50分置いて発酵させ、1.5倍に膨らませる。途中、オーブンに天板を入れ、200℃に予熱しておく。

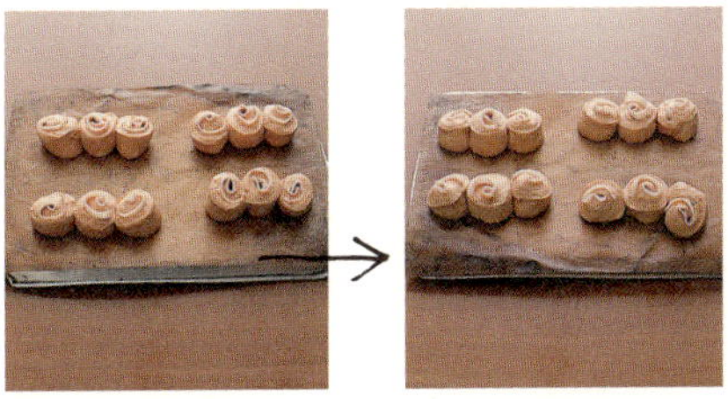

発酵前　発酵後

仕上げ

7 生地の上にピザ用チーズをのせる。

焼成

8 熱い天板の上にすばやくオーブンシートごと移動させ、200℃で14分焼く。

枝豆パン

噛む度にコリコリとした枝豆の食感と旨みがおいしいです。
枝豆の食感を楽しむために、しっとり焼きあげましょう。

■ 材料（4個分）

強力粉	200g	（100%）
塩	2g	（1%）
砂糖	2g	（1%）
酵母	40g	（20%）
水	100g	（50%）
枝豆（下準備したもの）	60g	（30%）
菜種油	14g	（7%）

■ 下準備

枝豆は塩ゆでし、さやから出して冷ましておく。

■ 作り方

生地作り

1 ボウルに枝豆以外の材料を入れ、ゴムベラで水気がなくなるまで混ぜる。作業台に生地を出し、ひとまとまりになったら、手の付け根で向こう側に押しのばすようにして5～10分ほどこねる。表面がなめらかになってきたら枝豆を加え、全体になじんだら、生地の表面を張るようにして丸くまとめる。

一次発酵

2 ボウルに生地を入れてラップをかけ、25～28℃で生地が2～2.5倍の大きさになるまで発酵させる。およそ5～8時間くらいかかる。

発酵前　発酵後

分割

3 カードを使って生地を作業台に移し、4分割する。切り口を底に入れこみながら、生地の表面を張るようにして丸くまとめたら、底に集まった生地を指でつまんでとじる。

ベンチタイム

4 とじ目を下にして並べ、上からかたくしぼったふきんをかけて、室温（25℃くらい）で20～30分休ませる。

成形

5 手のひらで生地をコロコロと転がして細長くしたら、作業台の上に置き、両手でコロコロと転がして長さ約24cmにのばす。きれいな面を上にして、天板の大きさのオーブンシートを敷いた板の上にのせる。

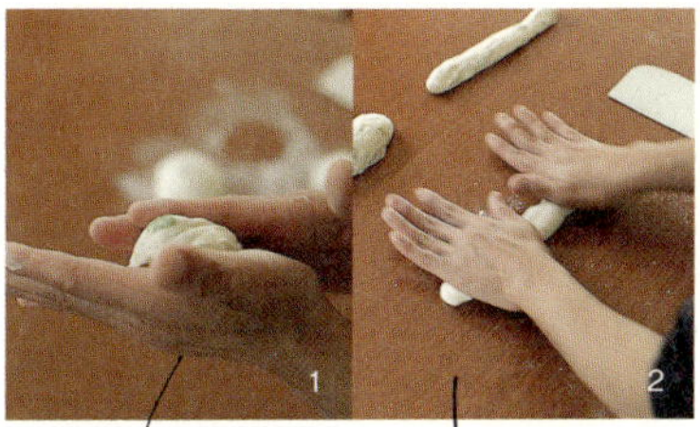

手のひらで転がす　作業台の上で転がす

最終発酵

6 生地の上からかたくしぼったふきんをかけて、あたたかいところ（30～33℃）で30～50分置いて発酵させ、1.5倍に膨らませる。途中、オーブンに天板を入れ、200℃に予熱しておく。

発酵前　発酵後

焼成

7 熱い天板の上にすばやくオーブンシートごと移動させ、200℃で13分焼く。

とうもろこしパン

とうもろこしのつぶつぶとした食感と自然な甘み
たくさんのパン。
夏のおいしい季節にぜひ。

■ 材料（3個分）

強力粉	200g	(100%)
塩	2g	(1%)
砂糖	2g	(1%)
酵母	40g	(20%)
水	100g	(50%)
とうもろこし（下準備したもの）	60g	(30%)
菜種油	14g	(7%)

■ 下準備
とうもろこしは蒸して粒をはずし、冷ましておく。

■ 作り方

生地作り
1　ボウルにとうもろこし以外の材料を入れ、ゴムベラで水気がなくなるまで混ぜる。作業台に生地を出し、ひとまとまりになったら、手の付け根で向こう側に押しのばすようにして5〜10分ほどこねる。表面がなめらかになってきたらとうもろこしを加え、全体になじんだら、生地の表面を張るようにして丸くまとめる。

一次発酵
2　ボウルに生地を入れてラップをかけ、25〜28℃で生地が2〜2.5倍の大きさになるまで発酵させる。およそ5〜8時間くらいかかる。

発酵前　→　発酵後

分割
3　カードを使って生地を作業台に移し、3分割する。切り口を底に入れこみながら、生地の表面を張るようにして丸くまとめたら、底に集まった生地を指でつまんでとじる。

ベンチタイム
4　とじ目を下にして並べ、上からかたくしぼったふきんをかけて、室温（25℃くらい）で20〜30分休ませる。

成形
5　とじ目を下にして作業台に置き、指先で全体を軽く押さえて平らにする。裏返してきれいな面を下にし、向こう側から手前に1/3、手前から奥へ折って3つ折りにする。90度向きを変えてさらに3つ折りにし、合わせ目をつまんでとじる。天板の大きさのオーブンシートを敷いた天板の上に、とじ目を下にしてのせる。

平らにする　向こう側から1/3折る　手前から奥へ折る
向こう側から1/3折る　手前から奥へ折る　合わせ目をつまんでとじる

最終発酵
6　生地の上からかたくしぼったふきんをかけて、あたたかいところ（30〜33℃）で40〜60分置いて発酵させ、1.5倍に膨らませる。途中、オーブンに天板を入れ、200℃に予熱しておく。

発酵前　→　発酵後

仕上げ
7　表面に茶こしで強力粉（分量外）を振り、ナイフでクープを2本入れる。

焼成
8　熱い天板の上にすばやくオーブンシートごと移動させ、200℃で13分焼く。

カナパンのあゆみ

酵母でパンを焼くというのは、目に見えない酵母の様子を想像してパンを焼くということ。適当がいい具合。想像と適当でパンを焼くようになってから、自分らしいパンになっていきました。そんなパンと一緒に育っていったカナパンのあゆみ。

●カナパン、酵母パンと出会う

友人に誘われて通い始めたパン教室。
おいしくって楽しくって毎日うっとり。
天然酵母と日本の小麦の組み合わせ、そして先生の作り出すパンは、心躍るおいしさだった。

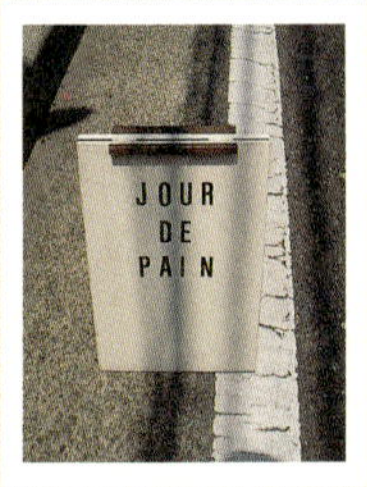

ただこれが思うように作れない。作れないからおもしろい。どっぷりはまって毎日試行錯誤。
ちょっとはまりすぎて、自分でも玄米の酵母を起こしてみた。おやおや、これは楽しい。
そうしているうちに、酵母とどんどん仲良くなって酵母の気持ちがわかるようになってきた。

●カナパン、パンの行商を始める

おいしくできるようになると、みんなに食べてもらいたいって思って、友人と工房を作り、ワゴン車で行商を始めた。
ウキウキッてすると行動に移す単純な発想と行動力。若いってすごい。

とはいえ、「これおいしいよ」ってすすめるのは一方的で苦手。
だけど、「これおいしいね」「おいしかったよ」って来てくれて、「おいしい」って一緒に感じることの喜びを知った。
こうしたらどうかな、ああしたらどうかなって、作るのが楽しくって仕方ない毎日。

●カナパン、パン屋を開く

友人が行商を卒業し、行商から店舗へ形を変えても、
ひとりで作り続けた。
子どもたちはお店に来るんじゃなくって、カナパンの
おうちに遊びに来てるみたいだった。
カナパーン！ カナパンちゃーん！って。

あの子たちの喜ぶ顔を妄想しながらパンを作る。
今日もおいしい顔と会う。
みんなのおいしい顔はクタクタな体を元気満タンにし
てくれる最高のご褒美だったから、作るのも売るのも
全部ひとりでやりたかった。

ただ、どんなにがんばってもなにかが少し足りない。
並ばなければ買えない。OPEN と同時にほぼパンが
なくなる。わたしは必死。
あのころのみんなもパンを買うために、ウキウキより
も「がんばらなくっちゃ」っていう心構えが必要だっ
たと思う。

みんなみんなに大切なものを渡しきれなくなりそう
で、にぎわいすぎてしまった6年間のパン屋を閉めた。

●カナパン、パン教室を開く

今はみんなで作ってしゃべって食べる日々。
あんな感じこんなの感じのイメージを伝えるだけ
で、いろんなことが適当。
五感と勘で作るパン。
いつもは発酵器もタイマーも使わないで、あの辺
この辺に置いて様子を見ながら仕上げていく。
酵母がどうするとうれしいかなって想像しながら
作ってる。
先生というよりお母さんみたいだ。
こうしてそれぞれの手からそれぞれの家庭のパン
が生まれて、おいしい顔がいっぱいになるのかな。

それが今のパンとの生活。
おいしいねってみんなとテーブルを囲んでいる。

4 ふわふわ甘～いおやつパン

砂糖の分量を増やした生地で作るパンをご紹介します。
お茶と一緒におやつの時間にどうぞ。

シナモンパン

甘くしっとりやわらかな生地に
シナモンシュガーをくるくる巻きこみました。
バニラアイスやリンゴジャムと
食べるのもおすすめです。

■ 材料（7×18×5.5ｃmのパウンド型１個分）

強力粉	150g	（100％）
塩	1.5g	（1％）
砂糖	12g	（8％）
酵母	30g	（20％）
水	75g	（50％）
無塩バター	30g	（20％）
シナモンパウダー		小さじ 2/3
砂糖（シナモンシュガー用）		大さじ 1

■ 下準備

・バターは室温に戻しておく。
・シナモンパウダーとシナモンシュガー用の砂糖を合わせ、
　シナモンシュガーを作っておく。
・パウンド型の内側に油を塗っておく。

■ 作り方

生地作り

1
ボウルに強力粉、塩、砂糖、酵母、水を入れ、ゴムベラで水気がなくなるまで混ぜる。

2
作業台に生地を出し、手で握るようにしてまとめていく。

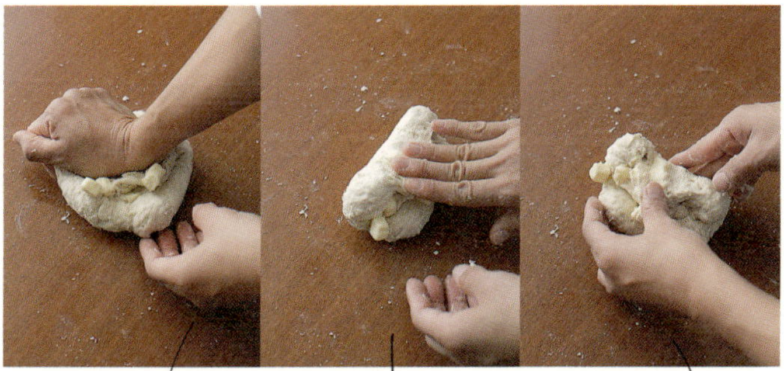

3
ひとまとまりになったらバターを加え、台にすりつけるようにして生地をこねる。手の付け根で向こう側に押しのばし、生地の先を手前に折りたたんだら90度回す。これをくり返して10分ほどこねる。

4
生地が手につかなくなって表面がなめらかになってきたら、生地の表面を張るようにして丸くまとめる。

一次発酵

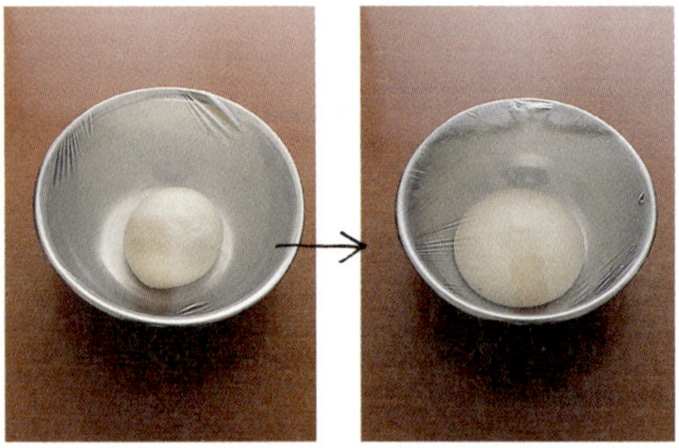

5　発酵前　発酵後

ボウルに生地を入れてラップをかけ、25 ～ 28℃で生地が2 ～ 2.5倍の大きさになるまで発酵させる。およそ5 ～ 8時間かかる。

6

カードを使って生地をボウルから出し、生地の表面を張るようにして丸くまとめたら、底に集まった生地を指でつまんでとじる。

ベンチタイム

7　ベンチタイム前　ベンチタイム後

とじ目を下にして置き、上からかたくしぼったふきんをかけて室温（25℃くらい）で30 ～ 40分休ませる。生地がひとまわり大きくなり、触るとふっくらする。

成形

8

とじ目を下にして作業台に置き、麺棒で縦長の楕円にのばす。

9

裏返してきれいな面を下にしたら、長さ約25cm、幅約15cmの長方形に整える。

10

左右と下は約 1cm、上は約 5cm を残してシナモンシュガーを広げ、手前から巻いていく。

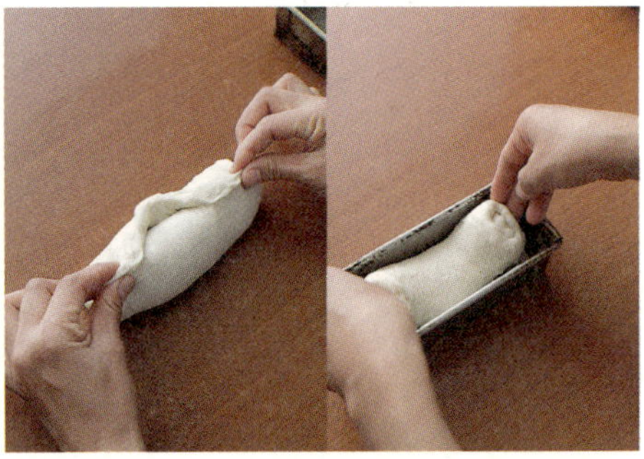

11

巻き終わりをつまんでとじ、とじ目を下にしてパウンド型に入れる。

最終発酵

発酵前　発酵後

12

型の上からかたくしぼったふきんをかけて、あたたかいところ（30 ～ 33℃）で 40 ～ 60 分置いて発酵させ、1.5 倍に膨らませる。途中、オーブンに天板を入れ、200℃に予熱しておく。

焼成

13

熱い天板の上にすばやく型を置き、200℃で 20 分焼く。

ラムレーズンパン

ラム酒づけのレーズンを入れた大人のレーズンパン。
アーモンドクリームがまろやかなコクを出してくれます。

■ 材料（7×18×5.5cmのパウンド型1個分）

強力粉	150g（100%）
塩	1.5g（1%）
砂糖	12g（8%）
酵母	30g（20%）
水	75g（50%）
無塩バター	30g（20%）
レーズン（下準備したもの）	40g（26.6%）
アーモンドクリーム	30g（20%）

■ 下準備

・バターは室温に戻しておく。
・レーズンはラム酒（分量外）に浸して1週間ほど冷蔵庫で寝かせ、しっかり水気を切っておく。
・アーモンドクリームを作っておく（作り方は右参照）。
・パウンド型の内側に油を塗っておく。

■ 作り方

生地作り

1 ボウルに強力粉、塩、砂糖、酵母、水を入れ、ゴムベラで水気がなくなるまで混ぜる。作業台に生地を出し、ひとまとまりになったらバターを加え、台にすりつけるようにして10分ほどこねる。表面がなめらかになってきたら、生地の表面を張るようにして丸くまとめる。

一次発酵

2 ボウルに生地を入れてラップをかけ、25～28℃で生地が2～2.5倍の大きさになるまで発酵させる。およそ5～8時間かかる。

ベンチタイム

3 カードを使って生地をボウルから出し、生地の表面を張るようにして丸くまとめたら、底に集まった生地を指でつまんでとじる。とじ目を下にして置き、上からかたくしぼったふきんをかけて、室温（25℃くらい）で30～40分休ませる。

成形

4 とじ目を下にして作業台に置き、麺棒で縦長の楕円にのばす。裏返してきれいな面を下にしたら、長さ約25cm、幅約15cmの長方形に整える。左右と下は約1cm、上は約5cmを残してアーモンドクリームを塗り、さらにレーズンを散らしたら、手前から巻いていく。巻き終わりをつまんでとじ、とじ目を下にしてパウンド型に入れる。

アーモンドクリームの作り方

●材料

無塩バター	50g
砂糖	40g
卵（M）	1個
アーモンドプードル	50g

◎下準備
バター、卵を室温に戻しておく。

●作り方
1　バターを泡立て器で混ぜ、クリーム状にする。
2　砂糖を加え、よく混ぜる。
3　卵を溶きほぐし、数回にわけて加え、そのつどよく混ぜ合わせる。
4　アーモンドプードルを加え、全体がなめらかになるまで混ぜ合わせる（香りづけにラム酒少々を加えてもおいしい）。

最終発酵

5 型の上からかたくしぼったふきんをかけて、あたたかいところ（30～33℃）で40～60分置いて発酵させ、1.5倍に膨らませる。途中、オーブンに天板を入れ、200℃に予熱しておく。

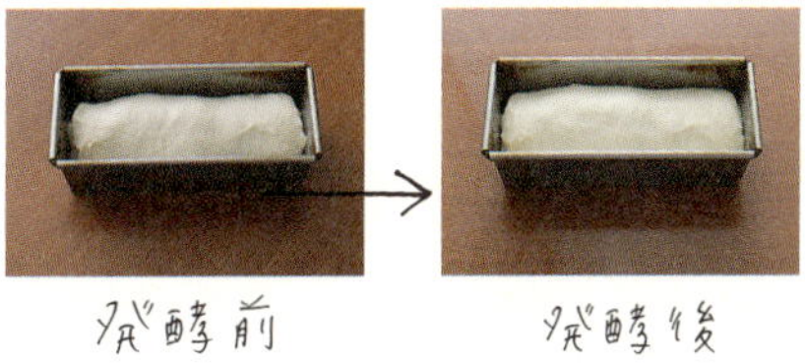

焼成

6 熱い天板の上にすばやく型を置き、200℃で22分焼く。

抹茶小豆パン

ほろ苦い抹茶と小豆あんを合わせた
和菓子のようなパン。
定番の組み合わせがやっぱりおいしい。

■ 材料（7×18×5.5cmのパウンド型1個分）

強力粉	150g（100%）
抹茶	5g （3.3%）
塩	1.5g（1%）
砂糖	15g （10%）
酵母	30g （20%）
水	78g （52%）
無塩バター	30g （20%）
小豆あん	90g （60%）

■ 下準備

・バターは室温に戻しておく。

・小豆あんを作って冷ましておく（作り方は右参照）。

・パウンド型の内側に油を塗っておく。

■ 作り方

生地作り

1 ボウルに強力粉、抹茶、塩、砂糖、酵母、水を入れ、ゴムベラで水気がなくなるまで混ぜる。作業台に生地を出し、ひとまとまりになったらバターを加え、台にすりつけるようにして10分ほどこねる。表面がなめらかになってきたら、生地の表面を張るようにして丸くまとめる。

一次発酵

2 ボウルに生地を入れてラップをかけ、25℃～28℃で生地が2～2.5倍の大きさになるまで発酵させる。およそ5～8時間かかる。

発酵前　　発酵後

ベンチタイム

3 カードを使って生地をボウルから出し、生地の表面を張るようにして丸くまとめたら、底に集まった生地を指でつまんでとじる。とじ目を下にして置き、上からかたくしぼったふきんをかけて、室温（25℃くらい）で30～40分休ませる。

成形

4 とじ目を下にして作業台に置き、麺棒で縦長の楕円にのばす。裏返してきれいな面を下にしたら、長さ約25cm、幅約15cmの長方形に整える。左右と下は約1cm、上は約5cmを残して小豆あんを広げ、手前から巻いていく。巻き終わりをつまんでとじ、とじ目を下にしてパウンド型に入れる。

小豆あんの作り方

●材料

小豆　200g

砂糖　100g

塩　　ひとつまみ

●作り方

1　小豆を洗い、たっぷりの水とともに鍋に入れ、中火にかけて沸騰させる。5分ほど煮て、ゆで汁が薄い小豆色になったら、ザルにあけて水で洗う。

2　再び、鍋に小豆と小豆がしっかりかぶるくらいの水を入れ、やわらかくなるまで差し水をしながらゆでる。

3　指でつまんでつぶれるくらいやわらかくゆでたら、ゆで汁がひたひたになるまで煮つめる。

4　砂糖を加え、あくを取りながら煮つめていく。鍋底にヘラで一文字書いてすっと消えるくらいになるまで煮つめる。

5　塩を加えて味をととのえる。

最終発酵

5 型の上からかたくしぼったふきんをかけて、あたたかいところ（30～33℃）で40～60分置いて発酵させ、1.5倍に膨らませる。途中、オーブンに天板を入れ、200℃に予熱しておく。

発酵前　　発酵後

焼成

6 熱い天板の上にすばやく型を置き、200℃で22分焼く。

きなこ マロンパン

きなこの上品な味わいの生地に マロングラッセを
入れました。お茶の時間にどうぞ。

■ 材料（8個分）

強力粉	200g（100%）
きなこ	30g（15%）
塩	2.4g（1.2%）
砂糖	14g（7%）
酵母	40g（20%）
無塩バター	40g（20%）
水	124g（62%）
マロングラッセ（ブロークン）	80g（40%）
アーモンドクリーム	60g（30%）
かぼちゃの種	適宜
くるみ	適宜

■ 下準備

・バターは室温に戻しておく

・アーモンドクリームを作り（作り方は P73 参照）、粗く刻んだマロングラッセと合わせ、マロンクリームを作っておく。

・ブリオッシュ型の内側に油を塗っておく。

マロングラッセは刻んで使うので、くずれたものでOK。製菓店で購入できます。

■ 作り方

生地作り

1 ボウルに強力粉、きなこ、塩、砂糖、酵母、水を入れ、ゴムベラで水気がなくなるまで混ぜる。作業台に生地を出し、ひとまとまりになったらバターを加え、台にすりつけるようにして10分ほどこねる。表面がなめらかになってきたら、生地の表面を張るようにして丸くまとめる。

一次発酵

2 ボウルに生地を入れてラップをかけ、25～28℃で生地が2～2.5倍の大きさになるまで発酵させる。およそ5～8時間くらいかかる。

発酵前
発酵後

分割

3 カードを使って生地を作業台に移し、カードで8分割する。切り口を底に入れこみながら、生地の表面を張るようにして丸くまとめたら、底に集まった生地を指でつまんでとじる。

ベンチタイム

4 とじ目を下にして並べ、上からかたくしぼったふきんをかけて、室温（25℃くらい）で20～30分休ませる。

成形

5 手のひらで生地をコロコロと転がして細長くしたら、手の側面の部分で端から押さえて長さ約12cm、幅約5cmの横長にのばす。裏返して生地の中心にマロンクリームを塗り、手前から巻いていく。巻き終わりをとじたら、ブリオッシュ型に側面を上にして入れ、生地の上から手で軽く押さえる。

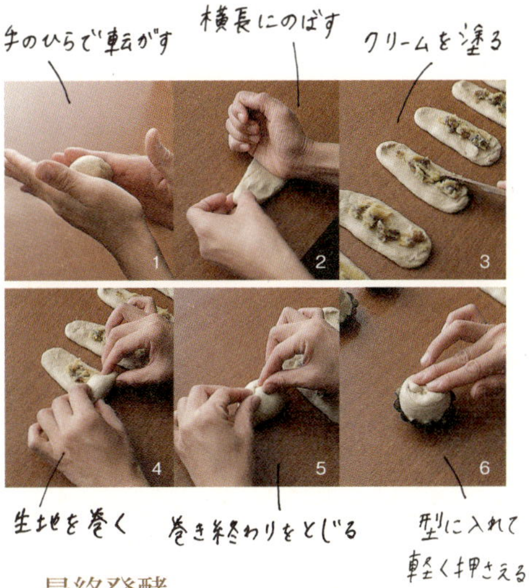
手のひらで転がす
横長にのばす
クリームを塗る
1
2
3
4
5
6
生地を巻く
巻き終わりをとじる
型に入れて軽く押さえる

最終発酵

6 型の上からかたくしぼったふきんをかけて、あたたかいところ（30～33℃）で30～50分置いて発酵させ、1.5倍に膨らませる。途中、オーブンに天板を入れ、200℃に予熱しておく。

発酵前
発酵後

仕上げ

7 水を含ませたふきんで生地の上部を湿らせ、かぼちゃの種とくるみをつける。

焼成

8 熱い天板の上にすばやく型を置き、200℃で14分焼く。

香りよいほうじ茶を粉にして加えます。茶こしで振るって口当たりをよくしましょう。
ミルキーなチョコがとろけている温かなうちに食べてみてください。

ほうじ茶とホワイトチョコのパン

■ 材料（直径 15cm のセルクル型 1個分）

強力粉	200g	（100%）
ほうじ茶	8g	（4%）
塩	2g	（1%）
砂糖	14g	（7%）
酵母	40g	（20%）
水	104g	（52%）
無塩バター	40g	（20%）
ホワイトチョコレート	50g	（25%）

■ 下準備

- バターは室温に戻しておく。
- ほうじ茶はすり鉢や乳鉢、ミルミキサーで粉砕し、茶こしで振るっておく。
- ホワイトチョコレートを 8 等分にしておく。
- セルクル型の内側に油を塗っておく。

■ 作り方

生地作り

1 ボウルに強力粉、ほうじ茶、塩、砂糖、酵母、水を入れ、ゴムベラで水気がなくなるまで混ぜる。作業台に生地を出し、ひとまとまりになったらバターを加え、台にすりつけるようにして 10 分ほどこねる。表面がなめらかになってきたら、生地の表面を張るようにして丸くまとめる。

一次発酵

2 ボウルに生地を入れてラップをかけ、25℃〜28℃で生地が 2 〜 2.5 倍の大きさになるまで発酵させる。およそ 5 〜 8 時間かかる。

発酵前　　発酵後

分割

3 カードを使って生地を作業台に移し、8 分割する。切り口を底に入れこむようにしながら、生地の表面を張るようにして丸くまとめたら、底に集まった生地を指でつまんでとじる。

ベンチタイム

4 とじ目を下にして並べ、上からかたくしぼったふきんをかけて、室温（25℃くらい）で 20 〜 30 分休ませる。

成形

5 指先で生地全体を軽く押さえて平らにする。裏返してきれいな面を下にして手のひらにのせたら、真ん中にホワイトチョコをのせて、包んでとじる。とじ目を下にして、セルクル型の側面に沿って 7 個、真ん中に 1 個生地を入れる。

最終発酵

6 型の上からかたくしぼったふきんをかけて、あたたかいところ（30 〜 33℃）で 40 〜 60 分置いて発酵させ、1.5 倍に膨らませる。途中、オーブンに天板を入れ、200℃に予熱しておく。

発酵前　　発酵後

焼成

7 熱い天板の上にすばやく型を置き、200℃で 22 分焼く。

コーヒーチョコパン

ビターな大人味に仕上げたコーヒー生地に
2種類のチョコを配合しました。
苦みと甘さのバランスがちょうどいいです。

■ 材料（6個分）

強力粉	200g	（100%）
インスタントコーヒー	6g	（3%）
塩	2g	（1%）
砂糖	10g	（5%）
酵母	40g	（20%）
水	102g	（51%）
無塩バター	30g	（15%）
スイートチョコレート	30g	（15%）
ホワイトチョコレート	20g	（10%）

■ 下準備

・バターは室温に戻しておく。

・チョコレートは粗く刻んでおく。

朝ごはん

うちの男子たちはお米が好き。平日はごはんばかりだから、わたしの楽しみは週末の朝ごはん。お休みの日はパンって勝手に決めている。

パンとコーヒーだけでもハッピーモーニング。

あとは温かなスープがあれば、なおうれしい。

■ 作り方

生地作り

1 ボウルに強力粉、インスタントコーヒー、塩、砂糖、酵母、水を入れ、ゴムベラで水気がなくなるまで混ぜる。作業台に生地を出し、ひとまとまりになったらバターを加え、台にすりつけるようにして10分ほどこねる。表面がなめらかになってきたらチョコレートを加え、全体になじんだら、生地の表面を張るようにして丸くまとめる。

一次発酵

2 ボウルに生地を入れてラップをかけ、25～28℃で生地が2～2.5倍の大きさになるまで発酵させる。およそ5～8時間くらいかかる。

発酵前

発酵後

分割

3 カードを使って生地を作業台に移し、6分割する。切り口を底に入れこみながら、生地の表面を張るようにして丸めたら、底に集まった生地を指でつまんでとじる。

ベンチタイム

4 とじ目を下にして並べ、上からかたくしぼったふきんをかけて、室温（25℃くらい）で20～30分休ませる。

成形

5 再度生地の表面を張るようにして丸めなおして、底に集まった生地をつまんでとじたら、天板の大きさのオーブンシートを敷いた板の上に、とじ目を下にしてのせる。

最終発酵

6 生地の上からかたくしぼったふきんをかけて、あたたかいところ（30～33℃）で30～50分置いて発酵させ、1.5倍に膨らませる。途中、オーブンに天板を入れ、200℃に予熱しておく。

発酵前

発酵後

焼成

7 熱い天板の上にすばやくオーブンシートに移動させ、200℃で13分焼く。

パンがあまったときのレシピ

パンがあまってしまったら、冷凍しておけば大丈夫。でも、ちょっと手を加えれば、おやつやブランチにぴったりの一品に変身します。ぜひ作ってみてください。

パングラタン

■ 材料（3～4人分）

パン	120g
牛乳（パン用）	50g
玉ねぎ	1/2個
しめじ	1/2パック
ベーコン	4枚
オリーブオイル	大さじ1
薄力粉	大さじ2
牛乳	350g
白ワイン	50g
ピザ用チーズ	40g
パルメザンチーズ	50g
塩	適宜
こしょう	適宜

＜おすすめパン＞
シンプルなパンか、野菜のパンが合います。

1　もっちりしっかり 食事パン
3　野菜たっぷり 八百屋パン

■ 作り方

1　パンは3cm角に切り、油を塗ったグラタン皿に並べ、牛乳に軽く浸す。
2　玉ねぎはスライス、しめじは子房にわけ、ベーコンは1cm幅に切る。
3　フライパンにオリーブオイルを入れ、軽く塩を振って2を炒め、しんなりしてきたら薄力粉を加えてさらに炒める。牛乳、白ワインを少しずつ足しながら混ぜ合わせ、とろっとなめらかになったら塩、こしょうを加えて味をととのえ、火を止める。
4　1に3を回しかけ、1、2時間置いてなじませる。
5　表面にピザ用チーズをのせてパルメザンチーズをかけ、200℃に予熱したオーブンで30分ほど、こげ目がつくまで焼く。

ガーリッククルトン

■ 材料

パン	60g
オリーブオイル	大さじ1
にんにく	1/4片
塩	適宜
こしょう	適宜

＜おすすめパン＞
シンプルなパンか、野菜のパンが合います。

1　もっちりしっかり 食事パン
3　野菜たっぷり 八百屋パン
（ハムトマトパン以外）

■ 作り方

1　パンは1cm角に切り、しっかり乾かしておく（オーブンで焼く場合は、140℃で20分ほど焼く）。
2　フライパンにオリーブオイルとにんにくを入れ、弱火にかける。香りが出てきたら、にんにくを取り出して1を加え、カリカリになるまで中弱火で焼く。熱いうちに塩、こしょうを振る。

ボストック

■ 材料（2人分）

パン　適宜
アーモンドクリーム　適宜
（作り方は P73 参照）
アーモンドスライス　適宜
<シロップ>
水　50g
砂糖　40g
ラム酒　10g

<おすすめパン>
バターを使った、やわらかくて甘いパンがおすすめです。

4　ふわふわ甘〜い おやつパン

■ 作り方

1　パンは厚さ2cmにスライスする。
2　シロップを作る。小鍋で水を沸かし、砂糖を入れて煮溶かす。火を止め、ラム酒を加える。
3　人肌に冷めたシロップにパンをくぐらせ、オーブンシートを敷いた天板に並べる。
4　アーモンドクリームを上に塗り、アーモンドスライスをのせて、200℃に予熱したオーブンで15分焼く。

チョコレートパンプディング

■ 材料（2人分）

パン　40g
卵（M）　1個
スイートチョコレート　35g
砂糖　10g
牛乳　150g

<おすすめパン>
シンプルなパンか、ドライフルーツを使ったパン、ナッツが入ったパンが合います。

1　もっちりしっかり 食事パン
2　しっとりやわらか 食事パン

■ 作り方

1　チョコレートを湯煎で溶かす。
2　ボールに卵を割りほぐし、1と砂糖、人肌に温めた牛乳を加え、よく混ぜる。
3　パンを2cm角に切って2に加え、2、3時間しっかり浸す。
4　3をグラタン皿など型に移す。熱湯を入れたバットに型ごと浸し、180℃に予熱したオーブンで30〜40分、湯煎焼きする。

キャラメルラスク

■ 材料

パン　70g
無塩バター　20g
砂糖　20g

<おすすめパン>
シンプルなパンか、甘いパンが合います。

1　もっちりしっかり 食事パン
4　ふわふわ甘〜い おやつパン

■ 作り方

1　パンは1cm角に切り、しっかり乾かしておく（オーブンで焼く場合は、140℃で20分ほど焼く）。
2　フライパンにバターを入れて中火で溶かし、1を加える。全体にからませながら、カリカリになるまで中弱火で焼く。
3　2に砂糖を加え、砂糖を溶かしながらパンにからめるように中火で焼く（なかなか砂糖が溶けてこない場合は、ほんの少しの水を入れる）。カラメル色に色づき始めたらできあがり。

5 みんな大好き もっちりベーグル

もっちりした生地がおいしいベーグルをご紹介します。
加える具をかえて、自分好みにアレンジしてみてください。

プレーンベーグル

低温発酵で旨みをしっかり引き出しましょう。
ゆでてから焼くことで独特の食感になります。

■ 材料（3個分）

強力粉	200g	（100%）
塩	2g	（1%）
砂糖	4g	（2%）
酵母	40g	（20%）
水	90g	（45%）

■ 作り方

生地作り

1

ボウルにすべての材料を入れ、ゴムベラで水気がなくなるまで混ぜる。

2

作業台に生地を出し、手で握るようにしてまとめていく。

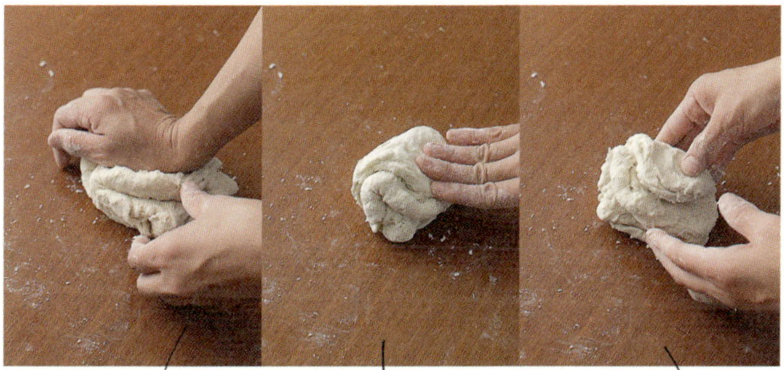

押しのばす　折りたたむ　90度回す

3

ひとまとまりになったら、手の付け根で向こう側に押しのばし、生地の先を手前に折りたたんだら、90度回して同様にこねる。

4

水分が少ないので、生地の表面はあまりなめらかにならないが、5分くらいこねて生地のかたさが均一になってきたらこねあがり。生地の表面を張るようにして丸くまとめる。

一次発酵

発酵前　発酵後

5

ボウルに生地を入れてラップをかけ、冷蔵庫または野菜室（7℃）で10～20時間冷蔵発酵させる。生地はあまり大きくならないが、手触りが少しふっくらした感じになる。

分割

6

カードを使って生地を作業台に移し、3分割する。

7

切り口を底に入れこみながら、生地の表面を張るようにして丸くまとめたら、底に集まった生地を指でつまんでとじる。

ベンチタイム

ベンチタイム前　ベンチタイム後

8

とじ目を下にして並べ、上からかたくしぼったふきんをかけて、室温（25℃くらい）で50～60分休ませる。生地が室温に戻り、少しやわらかくふっくらする。

成形

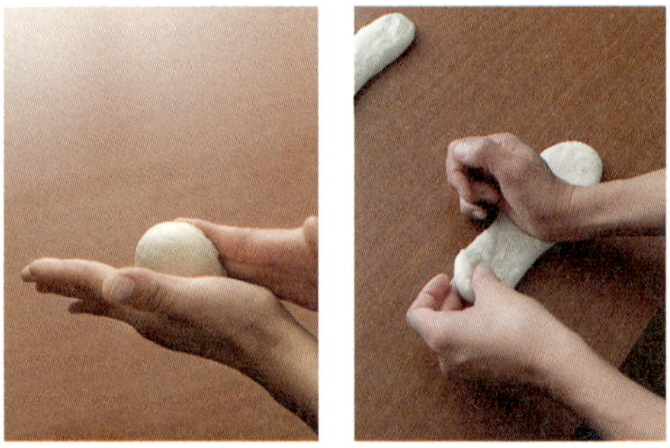

9

手のひらで生地をコロコロと転がして細長くしたら、手の側面の部分で端から押さえて、約24cmの横長にのばす。

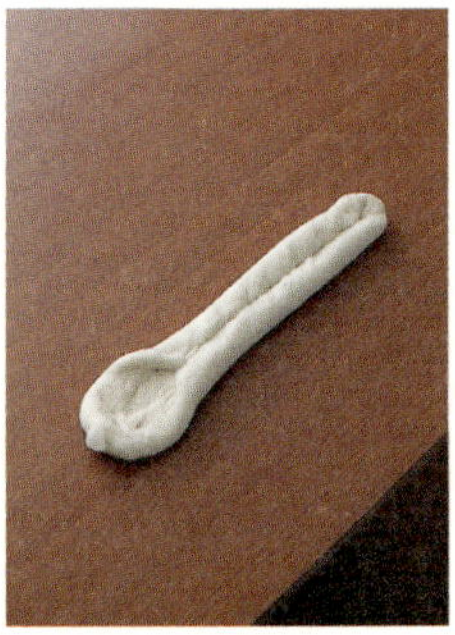

10

生地を裏返してきれいな面を下にする。片端を少し残し、向こう側を真ん中へ、手前側を真ん中へ折る。

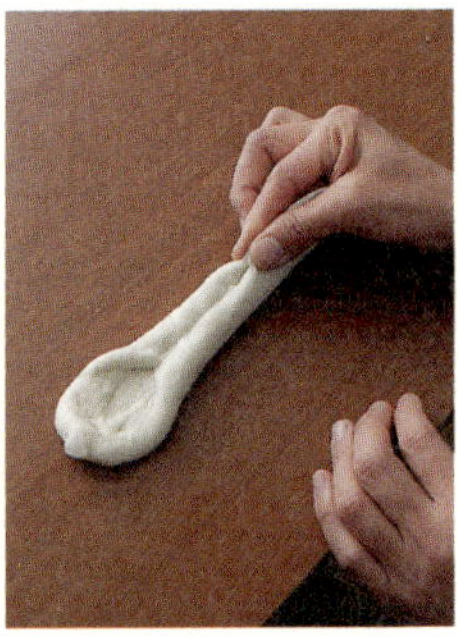

11

さらに生地を２つ折りにし、つなぎ目をしっかりとじる。

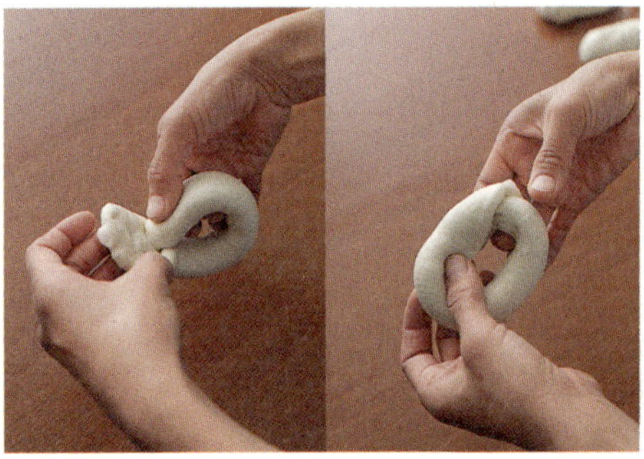

12

生地を輪にし、残した片端を広げて反対側の４～5cm分を包みこむようにしてとじる。

最終発酵

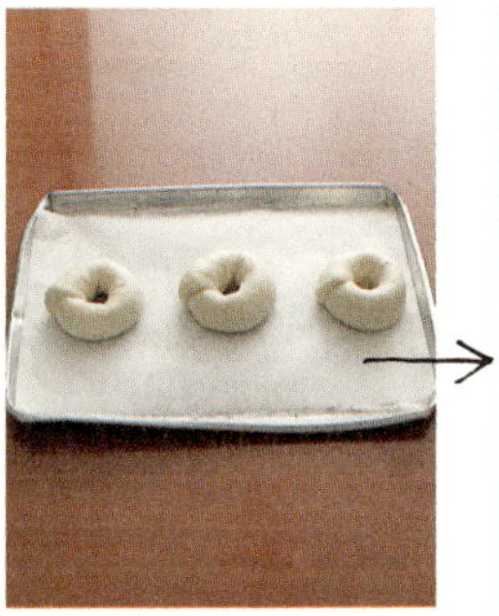

発酵前

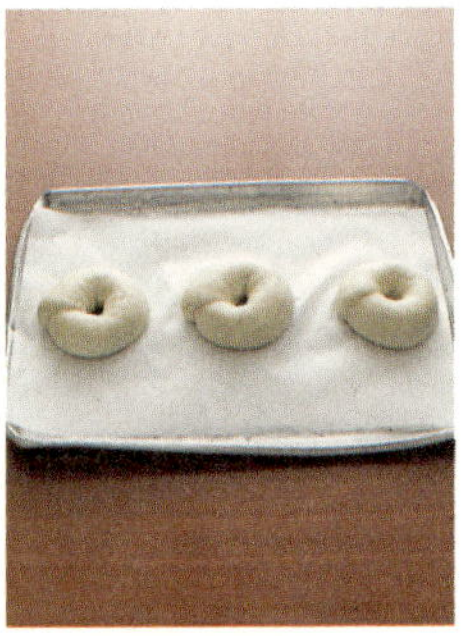

発酵後

13

生地の上からかたくしぼったふきんをかけて、あたたかいところ（30～33℃）で40～60分置いて発酵させ、ひとまわり大きく膨らませる。途中、オーブンに天板を入れ、200℃に予熱しておく。

Point

生地がよりぎゅっとつまったベーグルにしたいときは、最終発酵を30～40分ほどで短めに。
さらにふっくらソフトなベーグルに仕上げたいときは、最終発酵を60～70分ほどで長めに発酵させましょう。

仕上げ

14

大きめの鍋にたっぷりの湯を沸かし、砂糖大さじ1（分量外）を入れる。とじ目が開いていたらとじなおし、生地の表面が下になるように鍋に入れ、40秒ゆでる。さらに裏返して40秒ゆでる。水気をよく切り、天板の大きさのオーブンシートを敷いた板（まな板やダンボール、お盆など、なんでもOK）の上にのせる。

焼成

15

熱い天板の上にすばやくオーブンシートごと移動させ、200℃で17分焼く。

くるみベーグル

香ばしいくるみがたっぷりでうれしいベーグル。
くるみの油分でまろやかなコクが出ます。

■ 材料（3個分）

強力粉	200g（100%）
塩	2g　（1%）
砂糖	4g　（2%）
酵母	40g（20%）
水	90g（45%）
くるみ	60g（30%）

■ 下準備

くるみは150℃に予熱したオーブンで10分ほど焼き、半分に割って冷ましておく。

■ 作り方

生地作り

1 ボウルにくるみ以外の材料を入れ、ゴムベラで水気がなくなるまで混ぜる。作業台に生地を出し、ひとまとまりになったら、手の付け根で向こう側に押しのばすようにして5分ほどこねる。生地のかたさが均一になってきたらくるみを加え、全体になじんだら、生地の表面を張るようにして丸くまとめる。

一次発酵

2 ボウルに生地を入れてラップをかけ、冷蔵庫または野菜室（7℃）で10～20時間冷蔵発酵させる。

発酵前
発酵後

分割

3 カードを使って生地を作業台に移し、3分割する。切り口を底に入れこみながら、生地の表面を張るようにして丸くまとめたら、底に集まった生地を指でつまんでとじる。

ベンチタイム

4 とじ目を下にして並べ、上からかたくしぼったふきんをかけて、室温（25℃くらい）で50～60分休ませる。

成形

5 手のひらで生地をコロコロと転がして細長くしたら、手の側面の部分で端から押さえて、約24cmの横長にのばす。生地を裏返してきれいな面を下にしたら、片端を少し残し、向こう側を真ん中へ、手前側を真ん中へ折る。さらに生地を2つ折りにし、つなぎ目をしっかりとじる。生地を輪にし、残した片端を広げて反対側の4～5cm分を包みこむようにしてとじる。

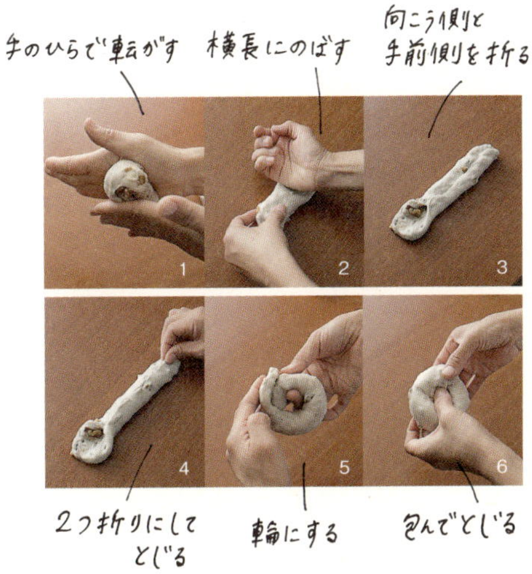
手のひらで転がす
横長にのばす
向こう側と手前側を折る
1
2
3
4
5
6
2つ折りにしてとじる
輪にする
包んでとじる

最終発酵

6 生地の上からかたくしぼったふきんをかけて、あたたかいところ（30～33℃）で40～60分置いて発酵させ、ひとまわり大きく膨らませる。途中、オーブンに天板を入れ、200℃に予熱しておく。

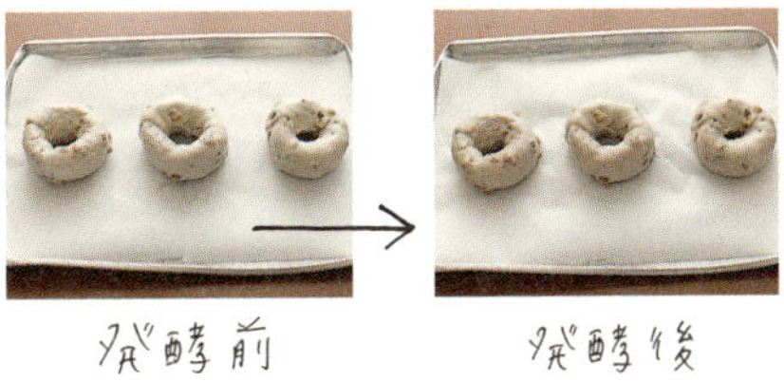
発酵前
発酵後

仕上げ

7 大きめの鍋にたっぷりの湯を沸かし、砂糖大さじ1（分量外）を入れる。とじ目が開いていたらとじなおし、生地の表面が下になるように鍋に入れ、40秒ゆでる。さらに裏返して40秒ゆでる。水気をよく切り、天板の大きさのオーブンシートを敷いた板の上にのせる。

焼成

8 熱い天板の上にすばやくオーブンシートごと移動させ、200℃で17分焼く。

チョコナッツベーグル

ビターなココア生地から コリコリッとした カシューナッツと
チョコの甘みとが かわるがわるやってきます。

■ 材料（3個分）

強力粉	200g	（100％）
ココア	20g	（10％）
塩	2g	（1％）
砂糖	4g	（2％）
酵母	40g	（20％）
水	106g	（53％）
A スイートチョコレート	30g	（15％）
A カシューナッツ	30g	（15％）

■ 下準備

・チョコレートは粗く刻んでおく。

・カシューナッツは150℃に予熱したオーブンで10分ほど焼き、半分に割って冷ましておく。

■ 作り方

生地作り

1 ボウルにA以外の材料を入れ、ゴムベラで水気がなくなるまで混ぜる。作業台に生地を出し、ひとまとまりになったら、手の付け根で向こう側に押しのばすようにして5分ほどこねる。生地のかたさが均一になってきたらAを加え、全体になじんだら、生地の表面を張るようにして丸くまとめる。

一次発酵

2 ボウルに生地を入れてラップをかけ、冷蔵庫または野菜室（7℃）で10〜20時間冷蔵発酵させる。

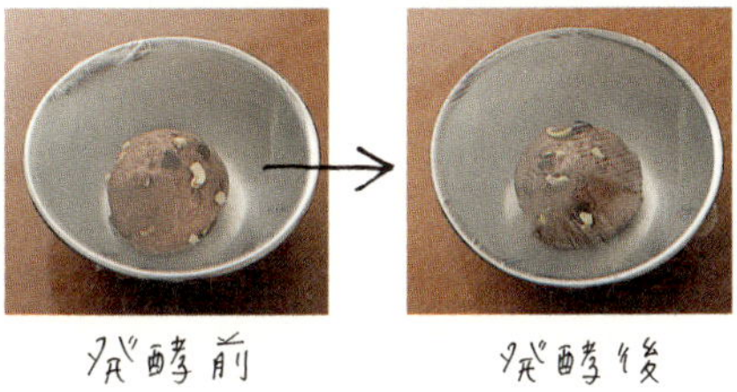

発酵前
発酵後

分割

3 カードを使って生地を作業台に移し、3分割する。切り口を底に入れこみながら、生地の表面を張るようにして丸くまとめたら、底に集まった生地を指でつまんでとじる。

ベンチタイム

4 とじ目を下にして並べ、上からかたくしぼったふきんをかけて、室温（25℃くらい）で50〜60分休ませる。

成形

5 手のひらで生地をコロコロと転がして細長くしたら、手の側面の部分で端から押さえて、約24cmの横長にのばす。生地を裏返してきれいな面を下にしたら、片端を少し残し、向こう側を真ん中へ、手前側を真ん中へ折る。さらに生地を2つ折りにし、つなぎ目をしっかりとじる。生地を輪にし、残した片端を広げて反対側の4〜5cm分を包みこむようにしてとじる。

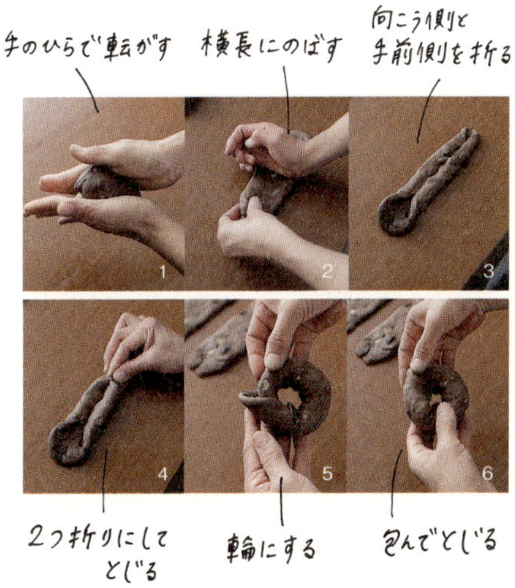

手のひらで転がす
横長にのばす
向こう側と手前側を折る
1
2
3
4
5
6
2つ折りにしてとじる
輪にする
包んでとじる

最終発酵

6 生地の上からかたくしぼったふきんをかけて、あたたかいところ（30〜33℃）で40〜60分置いて発酵させ、ひとまわり大きく膨らませる。途中、オーブンに天板を入れ、200℃に予熱しておく。

発酵前
発酵後

仕上げ

7 大きめの鍋にたっぷりの湯を沸かし、砂糖大さじ1（分量外）を入れる。とじ目が開いていたらとじなおし、生地の表面が下になるように鍋に入れ、40秒ゆでる。さらに裏返して40秒ゆでる。水気をよく切り、天板の大きさのオーブンシートを敷いた板の上にのせる。

焼成

8 熱い天板の上にすばやくオーブンシートごと移動させ、200℃で17分焼く。

オレンジチーズベーグル

成形のときにクリームチーズを巻きこみます。
チーズがなじんでしっとりとした焼きあがりです。

■ 材料（3個分）

強力粉	200g	(100%)
塩	2g	(1%)
砂糖	4g	(2%)
酵母	40g	(20%)
水	90g	(45%)
オレンジピール	20g	(10%)
クリームチーズ	60g	(30%)
オレンジピール（オレンジチーズ用）	10g	(5%)

■ 下準備
- オレンジピールは細かく刻んでおく。
- クリームチーズとオレンジチーズ用のオレンジピールを混ぜ合わせて、オレンジチーズを作っておく。

■ 作り方

生地作り

1　ボウルに強力粉、塩、砂糖、酵母、水を入れ、ゴムベラで水気がなくなるまで混ぜる。作業台に生地を出し、ひとまとまりになったら、手の付け根で向こう側に押しのばすようにして5分ほどこねる。生地のかたさが均一になってきたらオレンジピールを加え、生地の表面を張るようにして丸くまとめる。

一次発酵

2　ボウルに生地を入れてラップをかけ、冷蔵庫または野菜室（7℃）で10～20時間冷蔵発酵させる。

発酵前　→　発酵後

分割

3　カードを使って生地を作業台に移し、3分割する。切り口を底に入れこみながら、生地の表面を張るようにして丸くまとめたら、底に集まった生地を指でつまんでとじる。

ベンチタイム

4　とじ目を下にして並べ、上からかたくしぼったふきんをかけて、室温（25℃くらい）で50～60分休ませる。

成形

5　手のひらで生地をコロコロと転がして細長くしたら、手の側面の部分で端から押さえて、長さ約24cm、幅約6cmの横長にのばす。生地を裏返してきれいな面を下にしたら、オレンジチーズを下半分に塗る。手前から空気が入らないようにくるくる巻き、巻き終わりをつまんでとじる。片端を広げて反対側の4～5cm分を包みこむようにしてとじる。

1　手のひらで転がす
2　横長にのばす
3　オレンジチーズを塗って巻く
4　巻き終わりをとじる
5　片端を広げる
6　輪にしてとじる

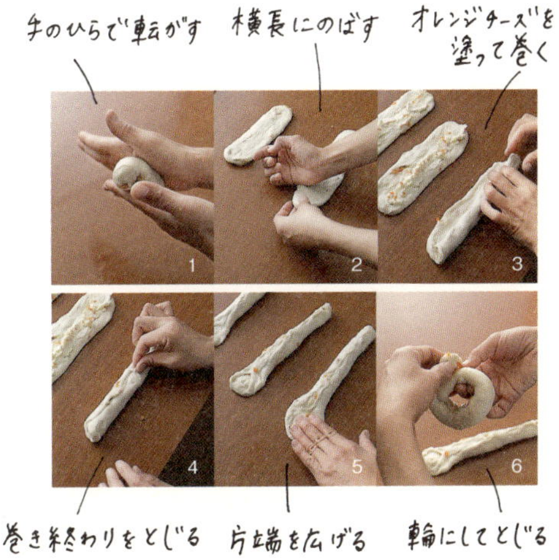

最終発酵

6　生地の上からかたくしぼったふきんをかけて、あたたかいところ（30～33℃）で40～60分置いて発酵させ、ひとまわり大きく膨らませる。途中、オーブンに天板を入れ、200℃に予熱しておく。

発酵前　→　発酵後

仕上げ

7　大きめの鍋にたっぷりの湯を沸かし、砂糖大さじ1（分量外）を入れる。とじ目が開いていたらとじなおし、生地の表面が下になるように鍋に入れ、40秒ゆでる。さらに裏返して40秒ゆでる。水気をよく切り、天板の大きさのオーブンシートを敷いた板の上にのせる。

焼成

8　熱い天板の上にすばやくオーブンシートごと移動させ、200℃で18分焼く。

マスタードは生地に混ぜこむよりも 成形のときに
巻きこむことで味のアクセントになります。
焼きたてのもっちりしたときに、ぜひ食べてください。

■ 材料（3個分）

強力粉	200g（100%）
塩	2g　（1%）
砂糖	4g　（2%）
酵母	40g　（20%）
水	90g　（45%）
粒マスタード	大さじ3
パルメザンチーズ	大さじ2

■ 作り方

生地作り

1 ボウルに強力粉、塩、砂糖、酵母、水を入れ、ゴムベラで水気がなくなるまで混ぜる。作業台に生地を出し、ひとまとまりになったら、手の付け根で向こう側へ押しのばすようにして5分ほどこねる。生地のかたさが均一になってきたら、生地の表面を張るようにして丸くまとめる。

一次発酵

2 ボウルに生地を入れてラップをかけ、冷蔵庫または野菜室（7℃）で10～20時間冷蔵発酵させる。

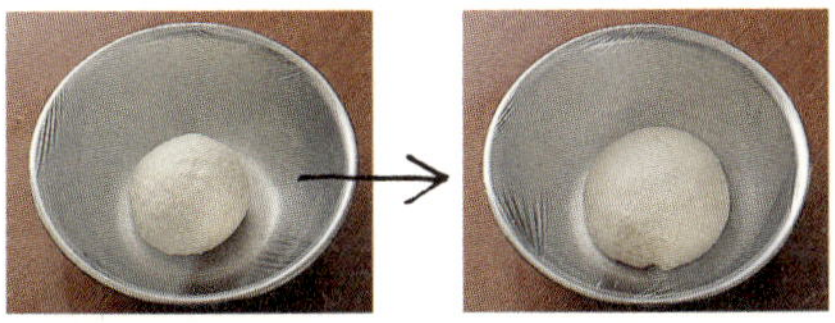

発酵前　　発酵後

分割

3 カードを使って生地を作業台に移し、3分割する。切り口を底に入れこみながら、生地の表面を張るようにして丸くまとめたら、底に集まった生地を指でつまんでとじる。

ベンチタイム

4 とじ目を下にして並べ、上からかたくしぼったふきんをかけて、室温（25℃くらい）で50～60分休ませる。

成形

5 手のひらで生地をコロコロと転がして細長くしたら、手の側面の部分で端から押さえて、長さ約24cm、幅約6cmの横長にのばす。生地を裏返してきれいな面を下にしたら、粒マスタードを下半分に塗る。手前から空気が入らないようにくるくる巻き、巻き終わりをつまんでとじる。片端を広げて反対側の4～5cm分を包みこむようにしてとじる。

手のひらで転がす　　横長にのばす　　粒マスタードを塗って巻く

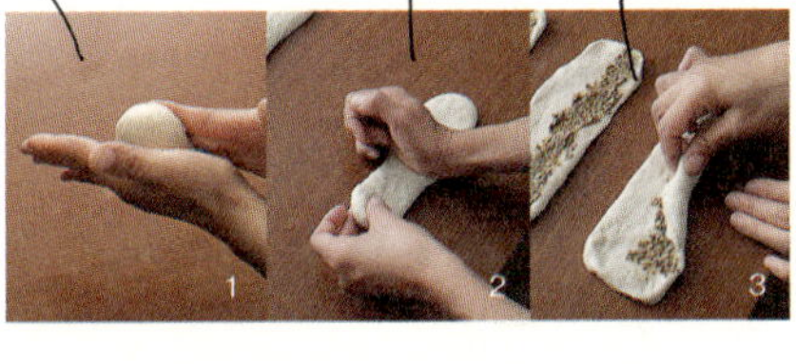

+ウインナーでアレンジ
マスタードウインナーベーグル

●材料（6個分）
マスタードチーズベーグルの材料
（パルメザンチーズ以外）
ウインナー　　6本

●作り方
1　マスタードチーズベーグルの作り方2まで同様に作り、作り方3で6分割したら、以降作り方5の工程4まで同様に作る（ただし、工程2で横長にのばすときは、長さ約15cm、幅約4cmくらいの大きさに）。
2　手のひらで生地をコロコロと転がして約24cmのひも状にしたら、生地をウインナーに巻きつける。巻き始めと終わりは中に入れこむようにする。
3　以降も同様に作り、200℃で16分焼く。

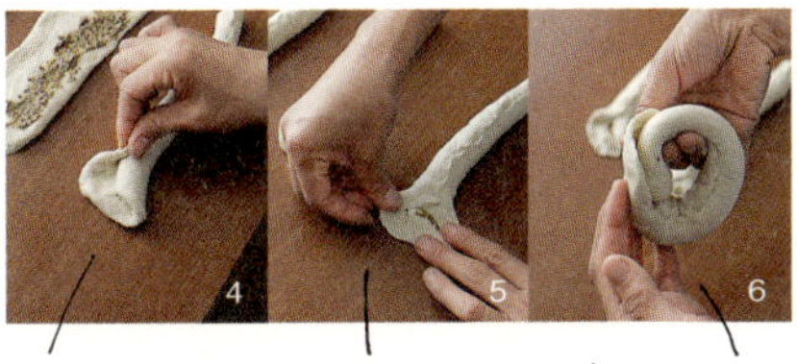

巻き終わりをとじる　　片端を広げる　　輪にしてとじる

最終発酵

6 生地の上からかたくしぼったふきんをかけて、あたたかいところ（30～33℃）で40～60分置いて発酵させ、ひとまわり大きく膨らませる。途中、オーブンに天板を入れ、200℃に予熱しておく。

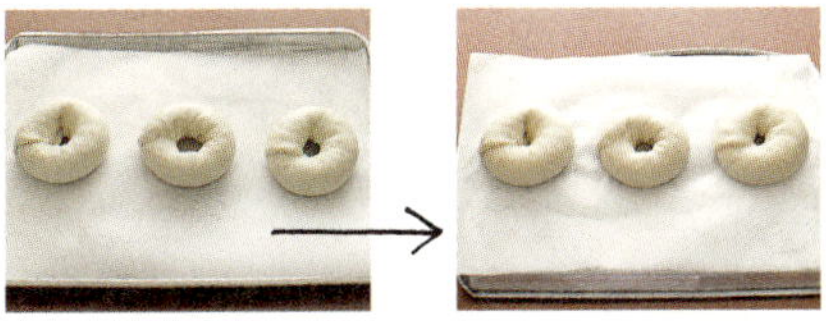

発酵前　　発酵後

仕上げ

7 大きめの鍋にたっぷりの湯を沸かし、砂糖大さじ1（分量外）を入れる。とじ目が開いていたらとじなおし、生地の表面が下になるように鍋に入れ、40秒ゆでる。さらに裏返して40秒ゆでる。水気をよく切り、天板の大きさのオーブンシートを敷いた板の上にのせ、表面にパルメザンチーズをかける。

焼成

8 熱い天板の上にすばやくオーブンシートごと移動させ、200℃で18分焼く。

小西香奈

千葉県出身。短大卒業後、食品会社で商品開発の仕事をしたのち、ケーキの専門学校に通う。同時期にホシノ天然酵母のパン教室に通い始め、パンの魅力に取りつかれる。友人とワゴン車でパンの行商を始めたところ、行列ができるほどの人気に。行商をやめ、自宅近くでパン屋を開いたら、こちらも大行列。現在パン屋は店じまいをし、パン教室「にこし」で玄米酵母を使ったパンの作り方を教えている。パン作りと２歳の男の子の育児に奮闘する日々。

jour de pain（http://www.jourdepain.net）

ブックデザイン　高市美佳
撮　影　公文美和
スタイリング　本郷由紀子
イラスト　山本奈穂（ノラヤ）
編　集　蓮見紗穂（株式会社マイナビ）

材料提供
cuoca（クオカ）　http://www.cuoca.com

しっとり、もっちり、具がたっぷり！
玄米酵母でつくる カナパンの本

2012年2月29日　初版第1刷発行

著　者　小西香奈
発行者　中川信行
発行所　株式会社マイナビ
〒100-0003 東京都千代田区一ツ橋1-1-1 パレスサイドビル
TEL：048-485-2383（注文専用ダイヤル）
　　03-6267-4477（販売）
　　03-6267-4445（編集）
E-Mail：pc-books@mynavi.jp
URL：http://book.mynavi.jp
印刷・製本　大丸印刷・製本株式会社

注意事項】
・本書の一部または全部について個人で使用するほかは、著作権上（株）マイナビおよび著作権者の承諾を得ずに無断で複写、複製することは禁じられております。
・本書についてご質問等がございましたら、左記メールアドレスにお問い合わせください。インターネット環境がない方は、往復はがきまたは返信切手、返信用封筒を同封の上、（株）マイナビ出版事業本部編集第6部書籍編集1課までお送りください。
・乱丁・落丁についてのお問い合わせは、TEL：048-485-2383（注文専用ダイヤル）、電子メール：sas@mynavi.jp までお願いいたします。
・本書の記載は2012年2月現在の情報に基づいております。そのためお客様がご利用されるときには、情報や価格などが変更されている場合もあります。

©2012 Kana Konishi

Printed in Japan
ISBN978-4-8399-4006-5　C2077
定価はカバーに記載しております。